悠悠往事

一位民辦教師的奮鬥史

喬永海——著

【代序】梅花香自苦寒來

——讀喬永海的回憶錄《悠悠往事》有感

嚴永西

永海，吾弟也。我倆同根、同齡、同行、同心，幾十年來感情甚篤。我倆還有著相似的經歷：度過了苦難的少年時代，十多歲就走上了教育工作崗位；工作之餘，以頑強的毅力，孜孜不倦地學習，積累了知識，增長了才幹，提高了能力，一步一步成長起來。黨的十一屆三中全會以後，雙雙走上領導崗位，終於告別農村，走進城市，告別基層，走進機關。從此，我們在不同的地方、不同的崗位上，開創了人生道路上的輝煌時期。回顧幾十年來的風風雨雨，我們感到欣慰和自豪。

二○○八年春，永海的孫子嚴俊明金榜題名，考上了中國科學院碩士研究生。喜訊傳來，無比高興。他是我們嚴氏家族的驕傲和兒孫們的楷模。八月中旬，我前往興山爲永海全家賀喜。在走親訪友之餘，拜讀了永海的回憶錄《悠悠往事》列印稿，讀後感慨萬千，受益匪淺。

永海的青少年時期，經歷了太多的劫難：父親早逝，母親病故，弟弟慘死，房屋倒塌。他成了居無定所、衣不遮身、食不裹腹的孤兒。失去親人的悲痛，饑寒交迫的生活，受人歧視的環境，並沒壓垮這個可憐的年輕人。他在逆境中掙扎，在孤苦中拼搏，頑強地活了下來。一九五九年，僅有初中文化的他當上了民辦教師。這是他人生道路上一個重要的轉捩點。他十分珍惜這來之不易的機會，堅持刻苦自學，積極參加函授、進修學習，通過七年（文革期間耽誤了四年）的奮力拼搏，終於獲得中專文憑。兢兢業業地工作，如饑似渴地學習，不斷提高自己的工作能力和文化水準，很快成爲一名稱職的小學教師。

在那個經濟落後、物資匱乏的年代，學校經費不足，教師待遇低下，辦學困難重重。永海自己背桐油到興山城賣，買回課本；帶領學生搞勤工儉學、開門辦學；自己上山背木炭，解決取暖問題；爲了建新校舍，在數九寒天，上高山買木料，頂風冒雪與工人們一起伐木、修路、把木料運下山；與老師們一起抬石頭，千方百計節省建校開支。文革以後，他被調到公社中學，受命於困難之中——教初三重點班語文課兼班主任。他在加強學生政治思想工作的同時，狠抓字、詞、句、篇的教學和聽、說、讀、寫的訓練。終於不負眾望，學生中考語文成績及格率、高分率均居全縣之首，該班升學率達九成七，使寶龍公社一年打了中考「翻身仗」。由於工作出色，永海很快被轉爲公辦教師，並加入了中國共產黨。

永海有很強的書面和口頭表達能力，而且頭腦靈活，思維敏捷，有遠見卓識，能當機立斷，有組織協調能力。更難能可貴的是，胸懷寬廣，與人爲善，不計前嫌，以德報怨，具有高尚的人格和品德，廣爲幹群所稱道。

上級領導知人善任，先後聘任永海爲公社師訓員、教研員，鎮教委主任。在此期間，他領導和管理五十四所中小學、三百二十多名教職工、三千三百多名中小學生，擔子是不輕的。在紛繁複雜的工作中，他狠抓了「治教三招」，即：狠抓辦學條件的改善，狠抓教學品質的提高，狠抓教師隊伍的建設，使黃糧鎮的教育工作迅速跨入了全縣的先進行列。

由於政績突出，中共興山縣委常委研究決定，調任喬永海爲興山縣教育局黨委委員、縣教育工會主席。

上任伊始，他認眞學習《工會法》，進行調查研究，傾聽基層意見，在此基礎上，召開了興山縣教育工會代表大會，作出了一系列重要決定，在局黨委領導下，認眞組織實施。如：實行校務公開，健全「教工之家」，辦好〈教工生活〉，加強資訊工作，評選「十佳」校長，開展各種競技活動，舉辦教職工籃球運動會，健全基層教育工會組織等等。

他走訪了全縣大部分學校，尤其是詳細瞭解農村學校教師的家庭狀況，問寒問暖，關懷備至。當他瞭解到還有許多「半邊戶」教師家屬生活困難，在貧困線上掙扎時，便帶領教工會一班人，在有關部門支援下，籌資金、調化肥、送良種、教技術、樹典型、傳經驗，因地制宜地發展種植業、養殖業和多種經營，使他們先後擺脫了貧困，解決了「半邊戶」教師的後顧之憂，充分發揮了教育工會的職能作用。二〇〇一年，他榮獲「全省優秀工會工作者」光榮稱號，赴京觀光。

根據工作的需要，年近花甲的他又擔任了教育局機關職工宿舍樓的基建工作，直至退休。

永海聰明好學。在工作之餘，不但刻苦讀書，還學會了吹笛子、拉二胡、吹嗩吶、打鑼鼓，豐富文化生活，打發寂寞時光，有時還幫村民辦紅白喜事，組織開展文藝活動。他還練就了一手好書法，擅長行書、楷書、隸書，成爲興山縣和宜昌市書法協會會員。可以說，永海是琴棋書畫般般俱會，吹拉彈唱樣樣愛好，多才多藝，無所不專。尤其是書法，成爲他以書會友、以書助人、以書爲樂、以書創收的高雅藝術。永海在回憶錄中對山區農村生活，如唱農戲、做農活、造農舍、交農友以及酒文化、碑文化等都有生動的描寫，充滿著生活的樂趣，散發著泥土的芳香。

永海孝敬長輩，關愛他人。在上世紀六〇年代初，其母（我稱「余媽」）患了重病，當時無醫、無藥、無錢。永海到處打聽土方，上山採藥爲母親治病。母親病情稍有好轉，他就趕赴縣城參加學習。哪知母親病情惡化，不幸去世。他未能給母親送終，忠孝難以兩全。

在困難年代，他把孤苦伶仃的二舅接到家中一起生活，頤養天年；照顧非親非故的孤寡老人方婆婆；幫助蒙冤坐牢十八年、平反回到家鄉以後無家可歸、窮困潦倒的大道叔夫婦，解決了五保養老問題。二舅、方婆婆、大道叔去世後又給他們辦喪事。他先後爲十多位已故親人修墓立碑，作爲對已故親人的永久紀念。永海爲親戚、朋友、同事、老鄉做了許多好事，可謂有求必應，盡力而爲。

好心人總會得到好報。一九六一年，經姐姐嚴永英介紹，與農村女青年胡瑞珍喜結良緣。瑞珍弟媳勤勞、能幹、善良、節儉，她辛勤勞動，操持家務，支持永海的工作，堪稱賢妻良母。他們的兒子喬德宏勤奮好學，工作出色，加入了黨組織，被聘爲中學高級教師，擔任了縣實驗中學總務主任。兒媳袁顯秀能幹賢慧。孫女喬融大學畢業後從事教育工作。孫子嚴俊明更是前程似錦。總之，永海先苦後甜，苦盡甜來，晚年是幸福的，全家是和美的。

〈警世賢文〉中說：寶劍鋒從磨礪出，梅花香自苦寒來。永海的回憶錄，用生動的事例詮釋了這兩句古代名言的深刻內涵。它說明，一個人儘管身處逆境，道路坎坷，但只要堅忍不拔地奮鬥，就能夠改變自己的命運，獲得事業的成功和家庭的幸福。因而這本書具有典型意義，是寶貴的精神財富，是教育激勵年輕人的一本生動教材。

當然，隨著時代的進步，今非昔比，過去的苦日子一去永不復返了。我們的後人再也不會遭受那樣的劫難。但是，他們應該知道，老一輩人是怎樣走過來的。我認爲，讀了這本書，要明確以下幾點：

第一，要學習老一輩人在逆境中吃苦耐勞、克服困難、百折不撓、勇往直前的精神，把這種精神繼承下來，發揚光大，用於自己的學習和工作之中。條件好了，不一定沒有困難，人生道路總不會是一帆風順的。在遇到困難和挫折時，就要想想老一輩人那種自強不息的拼搏精神，努力克服困難，不斷奪取新的勝利。

第二，要珍惜現在的幸福生活。孩子們是幸運的，趕上了一個好時代。飲水思源，我們忘不了共產黨、毛主席，更忘不了中國改革開放和現代化建設的總設計師鄧小平同志，是這位中國和世界偉人使中國強大起來，人民富裕起來。沒有鄧小平的好路線、好政策，就沒有我們的今天。幸福生活來之不易，要百倍珍惜，要努力創造更美好的明天。

第三，要尊重和孝敬老人。老一輩人吃了很多苦，爲兒孫的健康成長付出了艱辛的勞動。老一輩人的養育之恩永遠不能忘記。我們這一代人，都已進入花甲之年，經濟上能自立，生活上能自理，但隨著年歲漸高，生活中的困難將會越來越多。兒孫們應該在工作之餘常回家看看，多關心老人的生活和健康，使老人們盡享天倫之樂，安度晚年。

永海托我爲回憶錄作序，只好寫了一點讀後感，權作「代序」吧。

衷心祝願永海夫婦生命之樹常綠，歲月恆春，健康長壽，闔家幸福！

二〇〇八年九月於深圳

目次

我的伯母

清朝末年，在興山縣高陽鎮一帶，曾流傳過這樣一段順口溜：「邱相發（興山有名的大財主）死了母，請嚴行祚（我的曾祖父）來點主，點的什麼主？點的背子和打杵。」

這段順口溜，流傳至今，據說是興山一個姓陳的財主所作，它雖然是對嚴氏老一輩因沒有文化，只知道下苦力的無情嘲諷，但是從一個側面反映了當時我們家庭從江西遷徙湖北，定居羅鏡山之後，創業發家的艱辛歷史。

我是深渡河世家旺族嚴氏的後裔。祖父嚴昌鼎、祖母黃氏，生育了二男一女，即長子嚴大志、次子嚴大容、女兒嚴大禧。嚴大容便是家父。我的母親余明珊出生於興山縣余仕坡的書香門第。外祖父余文炯是前清秀才，又在省城上過新式學堂，博學多才，終身從教。

我的家早先在深渡河老宅，後遷至水田壩。二十世紀四〇年代，由於兵荒馬亂，水田壩處於興山縣城至古夫的要道旁，很不安寧，於是遷到了我家的田莊所在地水磨溪。父親以教書爲業，母親操持家務。

我的伯父嚴大志（字愚若），從小聰慧過人，善讀精思，志向高遠。青年時期出外闖蕩江湖，走上了從政之路。由於能力非凡，政績卓著，得到了上司的青睞，很快被提拔爲蘇州市公安局局長，後調任杭州市公安局局長。

伯母邱蘭洲，是興山縣赫赫有名的大財主邱相發的後裔。她生性善良，自幼入私塾飽讀詩書，接受「三從四德」的倫理教育。雖是大家閨秀，但她也學習針黹，操練烹調，練就一雙能幹的巧手，令人仰慕。在我的記憶中，伯母中等身材，細腳小手，眉目清秀。說話聲音清脆悅耳，對人和藹可親。

伯母與伯父成親後，曾跟隨伯父在蘇杭生活了數年，度過了他們一生中最美好的時光。然而，天有不測風雲。伯父積勞成疾，患上了肺結核。本來並非不治之症，但當時無特效藥，病情逐漸加重，不能堅持工作，便辭去公職，和伯母一起回到了水田壩老家。伯父病情惡化，醫治無效而英年早逝，年僅三十六歲。

傳統的世系觀念，使祖父母考慮到，伯母孤身一人，膝下無後，爲接續大房的香煙後代，決定將外孫女嚴永英（我的姑父肖玉環之女）和我過繼給大房爲後裔，組成了一個特殊的家庭。

正値兵荒馬亂的抗日戰爭時期，我們家雖然靠收租吃飯，但是作爲一家之主的伯母，無不爲一家老小的衣食住行疲於奔命。她經常起五更、睡半夜，打柴，餵豬，挑水，做飯，種園圃，有時候還輔導我們的功課。無形的精神枷鎖和繁重的體力勞動致使伯母患上了嚴重的類風濕疾病。

記得一個寒冷的夜晚，呼呼的北風夾雜著雪花從門縫裏直逼進來，一家人蜷縮在火盆旁邊，忽然聽見從遠處傳來的呱的呱的聲音，不一會，大隊人馬闖進院子，不知是一支什麼部隊路過水田壩。伯母立即把燈吹滅，一家人一聲不吭，生怕軍隊路過門前時發現屋裏有人，闖進屋來。

一分鐘，兩分鐘……因爲屋內過於寂靜，一種有節奏的嗞嗞嗞的響聲都能聽見。仔細一聽，原來是伯母因風濕病發作，以至雙腿不由自主地顫抖發出的響聲。我和姐姐怕這聲音被門外的士兵聽見，急中生智，各抱住伯母的一隻病腿，並使勁地壓住。伯母只好強忍著劇痛，不時發出悲哀的呻吟。

俗話說，大人望種田，小孩望過年。因爲小孩過年可以穿新衣，戴新帽，打燈籠，放鞭炮，什麼魚啊、糖啊、果啊，一年上頭很少吃到的東西那時都可以盡情享用，所以我天天扳著指頭算，臘月二十四、二十五……盼望臘月三十那天早日到來。

那一年臘月二十二日，家裏的一頭大肥豬宰了，我最關心的是用豬「催泡（膀胱）」做氣球玩。當我玩得正開心的時候，忽然伯母叫我：「虎子（我的乳名），你成天只曉得瘋，快來幫媽做點事。」原來是家裏剛買的一隻小豬崽，因爲剛離開它的媽媽，到了一個新的環境，可能不習慣，一邊不住地哼，一邊到處亂竄。快過年了，伯母一個人在廚房裏忙得不可開交。我很快領會了伯母叫我做事的意思，把調皮的小豬崽管起來，不讓它到處亂跑。於是，我想了一個辦法，找來一根細麻繩，把小豬崽的脖子拴住，它往那邊奔我就往這邊拉。別看它個頭不大，力氣可不小啊。它一會兒跑到桌子下，一會兒又鑽到床底下，一會兒躲進了柴草堆裏……把我累得滿頭大汗。哪知這個該死的小豬趁我不注意時發瘋似地跑到廚房裏去了。伯母正忙著在灶臺上熬豬油，熱騰騰、香噴噴的化豬油裝了一滿罐子（可供一家人食用一年）。油罐放在一個舊木頭架子上，小豬崽好像故意和我作對似的，一下子鑽到了放油罐的木架子下面，怎麼拉也不出來。我又氣又急，使勁把繩子一拽，砰的一聲，放油罐的架子倒了，豬油潑了一地，多可惜啊！小豬崽身上也濺了些滾燙的油水，疼得亂蹦亂叫。我驚呆了，不知所措。伯母一氣之下，順手撿起一根竹條，劈頭蓋腦地朝我打了幾下，我羞愧地跪在地上求饒。

這是伯母第一次動手打我，也是最後一次。

一九四七年八月十三日，是我六歲生日。伯母跟往年一樣在街頭吳開文副食店買了兩個又大又圓的月餅給我。其意思一是供中秋賞月，二是希望我生日快樂。我吃得正香，伯母把我叫到她跟前，輕聲地對我說：「虎子，你今年已滿六歲，應該上學讀書了。學堂就在隔壁，我已給向祖全先生談過了，他滿口答應。你下個月就跟向先生去發蒙讀書，好嗎？」我聽別人說，小娃子上學就像馬上籠頭一樣，再也不能自由自在地到處玩耍了。

我喜歡光著腳到南溝裏去扳螃蟹，戴著小草帽到屋後山坡上去捉蜻蜓，有時還跑到太山廟裏的神座上做飯玩兒……那該多好啊！可是一上學就什麼也玩不成了。

想著，想著，眼淚就掉下來了。

伯母雖然對我們姐弟倆很慈愛，但是對我們的管教卻是十分嚴格。記得有一次，不知爲什麼事，伯母拿著一根棍子送姐姐去上學，一直追到水井溝。看來我這次上學是勢在必行了。

我去讀書儘管是不太情願的，但伯母爲我上學的事卻考慮了很多很多：虎子上學穿什麼樣的衣服，戴什麼樣的帽子，背什麼樣的書包，要多少學費，哪天接先生吃飯等等。這一切的一切都在伯母的心中思考著，焦急著……

眼看快開學了，因爲買不起衣料，我的新衣服還沒有著落。伯母急得這裏翻那裏找，總算找到了伯父生前穿過的一套灰西裝，還是大半新的。伯母高興地請來一位姓陳的裁縫師傅，吩咐他將這套舊西裝改成小孩穿的中山服。陳裁縫戴著老花鏡子，先在我身上橫量豎量，又拿著舊西服上比下比，好像流露出一種十分爲難的樣子。陳裁縫開腔了：「衣服要改裝勉強可以，可是工錢……」伯母很快看出了陳裁縫的心思，爽朗地回答：「陳師傅，只要衣服能改成，工錢好說，工錢好說。」就這樣陳師傅欣然地接受了這個生意。

一天，兩天，三天……我天天圍站在做衣服的裁板跟前，睜大眼睛地看著陳師傅穿針引線啦，安荷包啦，釘扣子啦……總覺得他的做工太慢了。三天過後，「新」衣服終於做好。一試，還挺合身哩。伯母和陳師傅臉上都露出了笑容。中山服上裝有四個荷包，褲子還有兩個荷包，平時可以把手插進去，好不氣派，我心裏樂滋滋的。

農曆八月二十八日，陽光明媚，秋風習習。一大早，伯母把我從被窩裏叫起來，讓我穿上新衣服，戴上新帽子，背上新書包，送我去上學。

一進學堂門就看見，堂屋裏的正中神座上供著一尊菩薩的塑像，下麵擺著香碗，點著蠟燭，把屋裏照得亮堂堂的。

向先生首先告訴我，上面供的是孔聖人，是讀書人先生的先生，小孩子一進學堂，就要拜孔聖人爲師。他邊說邊示範，教我給孔聖人磕了三個頭。接著伯母說：「從今天起，向先生就是你的啓蒙先生，你快給向先生行禮。」我又給向先生磕了三個頭。

拜師的儀式總算結束了，我慢慢地走進了教堂。

一進教堂，二十多個學生的目光都投向我，我心中「砰砰」直跳。向先生簡單地維持了一下課堂秩序就開始正式上課。

學生中，有讀人之初的，有讀趙錢孫李的，也有讀子曰的，我當然只能從一、二、三、四、五開始學了。

向先生首先教我學寫毛筆字。我第一次握筆，筆怎麼也不聽使喚，手不住地顫抖。向先生說：「不要怕，寫字的時候紙要放正，筆要握緊，身要坐直，筆對鼻尖。」他一邊說還一邊給我示範。

什麼叫筆對鼻尖呢？我的理解是把筆桿的尖尖挨著我的鼻子尖尖。哪知道，我剛一動筆，就惹得全班同學哄堂大笑，我也搞得面紅耳赤。

從描紅到仿影，從臨帖到完全脫手寫字，向先生表揚我進步很大，我也漸漸對寫字產生了興趣。

不料，無情的病魔突然向我襲來。起初是渾身發冷，接著是大燒大熱，有時不省人事，有時說胡話。醫生診斷爲痢疾加出天花，說這種病很危險，若不及時治療，輕的會成麻臉，重的有可能喪命。

眞的命裏無子眞無子，引的兒子也是死嗎？伯母爲我的病提心吊膽，唉聲歎氣。在我生病期間，伯母四處求醫問藥，日夜守護在我的床前，餵藥，餵飯，端屎端尿……經過半個多月的精心護理，終於脫險。

大病初癒，伯母要我把患病所耽誤的作業補起來，光是大楷作業我就補了三大本。

伯母爲了使我們從小就知道緬懷已故老人，繼承先輩遺志，將來做一個有用的人，她特意將伯父的遺像掛在臥室的正中牆上。

伯父身著一件軍大衣，戴著一頂寬沿大帽，腰間佩帶一把長劍，兩眼炯炯有神，十分威武。每當我們舉目凝望，無不肅然起敬。

每年新糧上市，凡是第一次嚐新的食品，如湯圓、水餃、甜酒、米飯等，伯母總要事先盛上一小碗，叫我們恭恭敬敬地給伯父奉上，輕輕地放在他的遺像前，然後虔誠地將一雙筷子放在碗上，以示「祭亡」。有時候伯母還有意識地在暗淡的燈光下，在遺像前講述伯父從小如何勤奮讀書，與人爲善，立志從政的故事，講述蘇州、杭州一帶的風土人情等等，使我們在幼小的心靈中打下了有志者，事竟成的烙印。

月有陰晴圓缺，人有悲歡離合。寒來暑往，伯母多年苦心經營著這個家庭。眼看姐姐已快要小學畢業了，我也一天天長大，心中無不充滿著幸福與希望。然而，家裏一些不幸的事情卻接連發生了。

一九四八年春，一個陰沉沉的早晨，我在堂屋掃地時，忽然隱隱約約聽見屋裏發出一種使人可怕的「噓噓」聲。我四處張望，發現堂屋的正上方屋架上爬著一條菜花蛇，鼓著一對黑裏透亮的眼睛，張著大口，舌頭像一支黑箭，一伸一縮不住地擺動。我驚呆了，連忙喊家裏人都來看。當時爺爺歎了一口氣，慢慢吞吞地說：

「長蟲家到，不祥之兆啊。快找人把它送走。」

街頭有一個會玩蛇的老頭兒叫李永發。不一會兒，他來一看，首先對著「長蟲」小聲地禱告了幾句，又用手上下左右地比劃了幾下，就開始動手了。他一手掐住了蛇的頸部，一手握住蛇的身子，使勁地從屋架的空隙中把蛇拽了出來，一看足有五尺多長啊！李永發左手拿著蛇頭，右手拎著蛇尾，把蛇身架在脖子上大搖大擺地走出了大門。伯母連忙在門前燒了幾張紙錢，大概是爲了除惡避邪吧！

李永發扛著蛇如獲至寶，一個人從街這頭玩到街那頭，招來不少圍觀的人。不一會兒，李永發突然不見了。據一些信迷信的人說，李永發已「跨鶴登仙」，把「金龍」放歸大自然了。

打那以後，家庭好像減少了幾分瑞氣，增添了不少陰影。

一九四八年三月十四日，遠房的堂兄嚴永福專程從水磨溪到水田壩給我們傳來噩耗：父親（嚴大容）不幸病故。當時全家人猶如晴天霹靂，悲痛欲絕。不滿七歲的我，得知這一不幸的消息後，一個人躲到屋後院子裏，伏在一個曬醬的木架上嚎啕大哭了一場。悲痛之中，我忽然回憶起半個多月前，父親來水田壩看我們時，說他脖子後面長了一個瘡（俗稱對口瘡）。我親眼看到伯母用剪子給父親剪瘡疾周圍的頭髮和上藥的情景。父親走的時候，伯母、姐姐和我送到街上，站在那裏看著他遠去的背影，直到消失在遠方。

爹爹啊，哪知那一瞬間竟是我們父子最後的訣別啊！

父親去世以後，竟在兩年內，奶奶、爺爺也相繼去世。家境日益衰落，伯母被迫帶我們離開水田壩遷到水磨溪，與我的生母（余明珊）闔家。過度的悲傷和勞累，伯母多病的身體一天不如一天，終於病倒了。她全身浮腫，以至潰爛化膿。在伯母病重期間，母親和姐姐爲她請醫煎藥，餵水餵飯，精心護理，直到生命的最後一息。

伯母啊！你雖然不是我的親生母親，但你對我的養育之恩勝過我的親生母親。是你含辛茹苦把我養大；是你嘔心瀝血帶我走進知識的殿堂；是你言傳身教啓迪我如何做人，如何做事，如何正確對待人生。

伯母啊！您走得太早了。兒遺憾的是至今不知道您的遺骸安葬何處，幽靈去至何方。您留給後代的不是一捧黃土，一塊石碑，而是您的音容笑貌和親切的話語……

伯母啊！願您在九泉之下安息吧！

少年二三事

古云：自古英雄出少年。然而，我的少年生活是極其悲涼的。在階級鬥爭擴大化的年代裏，我們母子不僅饑寒交迫，而且任人欺侮，眞是苦不堪言！

記得在我剛滿十一歲的那年，因年幼無知，曾遭人兩次毒打，至今使我難以忘懷。

・拾豆遭打

那是一九五二年夏天，我和母親及弟弟三人相依爲命，居住在一間四穿八漏的破屋裏。母子三人已整整五天時間未吃一顆糧食了，每天只靠挖野菜，撿地耳子充饑度命……有一天，母親拾野菜時，偶爾打死一條大黑蛇，全家人總算打了一次「牙祭」。

立夏三日連枷響。好不容易盼到了春糧的收割季節。即使找別人借幾碗糧食度命，也總算有了點希望。

嘩啦、嘩啦……一場暴風雨來臨了。雨後，收過豌豆的地裏，掉在地上的的豆粒，經水一泡，又白又圓。對一個幾天沒有吃過一粒糧食的孩子來說，我早已垂涎三尺……

我想，這些豆子不撿起來多可惜呀！於是，我就毫不顧忌地下地撿起來。哪知「命不封神」，我剛彎下腰就被田主發現了。那個姓王的像要吃人似的，不問青紅皂白就破口大罵：「你這個賤東西，跑到老子田裏來了，才下過雨，田裏這麼大的墒，你的狗眼瞎流了。」說著就舉起手中的一個偏拐杵子，使勁朝我的腿彎子就是兩棒。當時我疼得站不起來了。那個姓王的見我好一會兒還趴在地上，又揚言道：「你這個小東西，再不趕快從田裏滾出去，小心點！」我怕再次被打，只得拖著打傷的雙腿，一跛一跛地哭著回了家。

老天呀，我們爲什麼這樣倒霉啊！

・無辜被吊

我家有一個姓胡的鄰居。她有一個女兒叫菊秀，比我大三四歲，一臉黑麻子，走起路來挺肚貓腰，一步三晃，眞是十個麻子九個怪。那個姑娘說話怪聲怪氣的，今天不是說這個偷了她家的柴，就是明天說那個拔了她家的菜，經常跟別人吵架。我們怕惹是非，很少和他家打交道。

眞是人在屋裏坐，禍從天上來。一天中午，我母親下地去了。菊秀到我家來討火（當時買不起火柴，弄火種要到別人家裏用樹葉或楂子柴去包火，叫討火）。我和弟弟在家，一看是這個死丫頭，心裏就厭煩。說時遲，那時快，她未經我的允許就開始在灶裏掏起火來。我當時煩了，上前推她出去。哪知這一推，她坐在地上又哭又鬧，耍起無賴來，火柴頭也撒了一地。後來，她趁我不注意，順手拿起一根燃火柴頭，撒腿就跑。這時，外面正颳大風，火星吹得到處都是。

一會兒，我家門前的牛棚的乾草堆忽然冒起了黑煙。這時，風越颳越大，乾草燃起來了，牛欄也很快著火了。一時間，濃煙滾滾，豬跑牛叫。我嚇得魂不附體，便趁大夥撲火之機，悄悄溜進樹林裏躲了起來。

夜幕降臨了，暗淡的月光灑在大地上，煞白煞白的。我在樹林中隱隱約約聽到母親叫我的聲音。爲了不讓母親再爲我擔驚受怕，我應聲了，從林子裏走出來，跟著母親回去。

俗話說：是禍躲不脫，躲脫不是禍。

牛欄失火，引起了附近群眾的紛紛議論。有的說：「他們都是小娃子，不懂事，是失錯。」有的說：「小小年紀敢放火燒屋，不重重地懲罰是不行的。」狠心的李某某（記不清他當時是什麼幹部）厲聲厲色地叫母親把我帶到一個院子裏。那裏已站滿了圍觀的人，有的戰戰兢兢，有的橫眉豎眼，也有少數人向我投來了同情的目光……

不一會兒，審訊開始了。李某某站在那裏叉著腰吼叫道：「給我把那個小東西帶上來！」母親連忙上前哀求道：「小娃子有錯，我當娘的有責任，我站出來行不行？」「不行，你的責任，我們再來找你算賬！」說著幾個民兵就連推帶搡地把我押到一棵核桃樹下。

「你這個小東西，放火是犯法的，你曉不曉得？」李大聲問。我戰戰兢兢地答道：「不是我放的火，是菊秀到我們家討火種，連招呼都不打，就從灶裏把我家做火種的火柴頭抽出來。我不讓她拿，她趕忙出門就跑。那時外面正颳大風，火星吹得到處都是，有些火星吹倒牛欄草堆裏去了，牛欄才燒起來。」李說：「你還想狡辯，明明是你放火把牛欄燒了，你還誣陷別人！」「確實不是我放的火，是菊秀，不信你去問她。」我解釋道。李發火了，把手一揮說：「給我把這個小東西捆起來！」幾個民兵一踴而上，有的找繩子，有的撿膀子，有一個爬上樹。接著李向幾個民兵使了個眼色，大聲說：「把他吊起來！」他們用繩子捆住我的手腕，然後把繩子交給樹上那個人，把我吊了起來。

我的媽呀，全身的重量一下子落在了兩隻手腕上，又痳又痛。當我的雙腳離開地面一尺左右時，身體就開始打轉轉。李和另外幾個民兵卻十分開心。他們一邊說：「看你還老不老實！」一邊用細竹條抽打。我「媽呀！媽呀！」地慘叫著。

打了好一陣子，饑渴、疼痛一齊向我襲來。我的全身像散了架一樣，額頭上的汗珠大滴大滴地往下淌。李見再也審不出什麼名堂來了，才命令民兵把我放下來。我有氣無力地趴在地上，一邊喘氣，一邊呻吟。可憐的母親站在一旁，目睹這一慘景，哪裏敢吭一聲，只是暗暗地擦拭著傷心的眼淚。

• 學打草鞋

少年時代的我，因命運所致，不僅家貧如洗，缺衣少食，而且還要經常忍氣吞聲，頂風冒雪，翻山越嶺，爲民兵幹部送信。在水磨溪一帶方圓百里的山路上留下了我少年時代赤腳的足跡。

當時，一雙嫩弱的小腳片，實在難以忍受赤腳走山路的痛苦，只得才學打草鞋。說起打草鞋，開始，認爲這是個粗手藝，我把它看得很簡單。後來一接觸才知道，要想打出的草鞋穿著既舒適又好看，還須下一番苦工夫哩！

於是，我專程到離家十多里的寒溪山上去拜堂弟嚴永斌爲師。

嚴永斌，乳名大毛，年齡和我差不多大，很聰明，做事也比我麻利，經常受到我母親的稱讚。因彼此處境相同，所以他教我打草鞋也特別耐心。

他還未教我打草鞋之前，就提醒我：「要學打草鞋，首先自己要製一套家私（工具）。」於是，他一件件地指給我看：「這是草鞋架，是打草鞋的主要工具。那是拔板和拔板梯，主要是用來擠壓鞋底茆子的。小方棰是配合拔板跟鞋底捶邊用的。還要一個大榔頭捶草。這幾樣工具一件也不能少，製這幾種東西不花錢，虎哥莫著急，我幫你做。」他的話語是如此的懇切和感人。他接著說：「至於說怎樣打草鞋嘛，我打給你看就知道了。打草鞋，首先是捶草備料。俗話說，要得草鞋牢，草要捶得像羊毛。意思是打草鞋的草，捶得越絨越好。」

接著是捶棕夾葉子，搓爽子，這是草鞋的主筋。要求勁子要結實，因爲這是保證草鞋品質的關鍵。他一邊搓，一邊伸開右胳膊比量長短。他說，「爽子的長短只要達到自己的左乳房處就夠了。胳膊前肘的長與草鞋的長度也是一致的。」我連忙接過他手中的爽子，在自己身上比量了一陣，這一招我很快就學會了。

怎樣編製鞋底，特別是如何掌握鞋底的長度和寬度，這是我最著急學的技術。

他好像看出了我的心思，便一邊示範，一邊對我講述：「打草鞋『鼻子』，把四股爽子並成兩股，茆子要細，大約十八茆就夠了。編鞋底時要把爽子分成四股，搓茆子要兩邊緊，中間鬆，才好看好穿。安草鞋耳子是前四後三，意思是說腳趾兩邊，一邊栽四個耳子；腳後跟兩邊，一邊栽三個耳子。前耳子要前短後長，後耳子要前長後短。只有這樣，爽子穿耳子才順勢，好看，好穿。編鞋跟時，又要把四股爽子合成一股，用草筋纏繞二十轉就可以了。」

他坐在草鞋架上，時而敲敲打打，時而吐吐搓搓，一左一右，一右一左，嫺熟的編製動作，是那樣的運用自如，流利如梭。

我靜靜地坐在他旁邊，一邊看他操作，一邊聽他講述要領。我暗暗地想，怪不得老輩子說吃屎就還要領教咧！

就這樣，我在他耐心幫助下，終於學會了打草鞋。直到如今，我還回味得起當年第一次穿上自己親手打的草鞋的那種難於言表的舒服感和成就感。雖然還不是很過關，但畢竟是親自編製啊！我應該敝帚自珍啊！哈哈……

遺憾的是，當我把這門技術學到手不久，永斌弟因貧疾交加，無錢醫治不幸夭折了，年僅十三歲！

一晃五十多年過去了。草鞋，這個再土不過的玩藝兒，早已銷聲匿跡，而教我學打草鞋的師傅的音容笑貌和深情厚誼仍銘刻在我的記憶中。

•有驚無險

風掃地，月點燈，滾軲轆子（風）自開門。這是我小時候，老人常叫我們猜的一則謎語。這個謎語生動地反映了過去窮人居無定所，在露天生活的悲慘情景。

眞是無巧不成書，我們家就曾遭遇過這樣的不幸。

那是二十世紀五〇年代初期，我家原來住在水磨溪田家灣，一棟五間同脊的火磚房裏。當時一家八口人，在不到三年的時間裏，爺爺、奶奶、父親和伯母相繼去世，僅剩下母親、姐姐、弟弟和我四個人。

一九五一年春，一場暴風驟雨般的土地改革運動在農村全面展開了。根據政策，地主階級的五大財產（土地、山林、房屋、耕牛、傢俱）一律沒收。一時間我們只好聽天由命，等候農會的安排。

一天早晨，天灰濛濛的，下著小雨。忽然來了兩個民兵，對母親惡狠狠地說：「農會研究決定，你們的房屋和土地分在熊家坡王家院子，馬上跟著我們走。」剛滿十歲的我，聽到這番話後，嚇得膽戰心驚，不知道是怎麼回事。

一會兒雨停了，到處濕漉漉的。我們在民兵的護送下，經過半天的跋涉，來到了王家院子。一棟東倒西歪的房屋映入眼簾，這就是分給我們的住房。走近一看，房屋周圍雜草叢生，因爲剛下過雨，屋內還有一潭潭積水，看來這房子早就無人在裏面居住了。我們迫以生存，只得硬著頭皮住進了這間破屋。

這棟房屋據說是王家的老宅，大約有一百多年的歷史了。牆壁是木柱和木板鑲成的，由於年久失修，木柱已被蟲蛀，並已傾斜，木板早已脫落，到處四穿八漏。右邊的一間屋已分給了另外一戶人家。中間是磨坊，是附近農戶用牲畜拉磨磨麵的地方。磨房的正上方放著一口破神櫃，櫃子表面殘留著一層層被煙熏得發黃的貼對聯的痕跡，它間接地記載著這棟房屋的興衰歷史。櫃子內放了些稻草、包穀葉和一些破衣物（蒙牛眼睛用的），大概是磨房的儲藏櫃。房屋中間放著一副大石磨，足有四五百斤重。因為長年累月用牲口拉磨，牲畜的糞便、尿液夾雜著地上的塵土，加上牛蹄反覆地踩拌，成了烏黑的稀泥，濺得牆上到處都是，老鼠成群結隊地爬上磨盤覓食，臭氣熏天。蚊子、蒼蠅也不停地在屋內狂飛亂舞。

我們分的房子在磨坊的左邊。走到以後，用石頭和泥巴壘了一個小灶，上面放一口小破鍋。用兩個「三腳貓」（用三根木頭做腿的板凳）和幾塊木板支起了床，在床上放了一些稻草和幾條破麻袋（當被蓋用的）。家裏除了一個端水的破砂罐和一個找野菜的破竹籃外，再也沒有什麼家當了。一家人就這樣日復一日提心吊膽地住在這間破屋裏。

天有不測風雲。三月二十七日夜晚，伸手不見五指。我們母子三人吃過晚飯後，擠坐在小灶旁邊烤火。忽然聽見一陣狂風，像一群魔鬼似地從屋頂呼嘯而過，緊接著屋裏的老鼠紛紛出洞向屋外亂跑。一會兒，遠處傳來幾聲炸雷和近處屋上瓦片被風吹掉到地上的碰擊聲。母親到底比我和弟弟有經驗，自言自語地說：「今天晚上屋裏有些反常，可能要出事，老天爺呀，您要長眼睛啊！」說時遲，那時快，又一陣狂風襲來，轟隆一聲，房子的中柱連同屋上的檁子、椽子和瓦片倒塌下來。剎那間，母子三人同時發出一聲慘叫——「我的媽呀！」又一陣劈裏啪啦倒塌房屋的響聲過後，昔日搖搖欲墜的三間破屋，頃刻間成了一片廢墟。

倒塌房屋的巨大響聲驚動了村裏熟睡的人們。他們有的打著火把，有的提著燈籠，邊走邊喊：「你們快起來呀，余明珊一家出事啦！可能連屍骨就難刨到了啊！」有個小孩說：「這裏塌死了人，該多怕喲！……」不一會兒等人們走近塌房現場時，誰也沒有料到，我們母子借著他們帶來的火光，一個個從倒塌的屋架空隙中爬了出來。圍觀的人們，目睹這一奇怪的現象，都說這是他們祖上行善積德，才沒要他們的命，不然的話，十個要死出十一個來。

那麼，奇跡是怎樣發生的呢？說來也巧，倒塌房屋時，我們母子三人，鬼使神差地蹲在小灶旁邊，小灶把塌下來的木柱和檁子、椽子架住了，我們正好在空隙中，才倖免於死。

此時，有相當長一段時間，我們仍然在這片廢墟上過著「風掃地，月點燈，滾軲轆子自開門」的悲慘生活！

人吶！眞是生死由命，富貴在天啦！

一次難忘的旅行

一九五六年夏天，長江中上游一帶的大雨連續下了三天三夜。江水猛漲，大江封航，打算乘船的旅客無不為買船票難而望江發愁。

因為一九五五年春，我跟隨二舅（余明英）投靠三舅（余明達）在枝江讀書時，暑假期間幫姑母（在宜昌學習）引小孩，當時正在宜昌當保姆的我，忽然從四姨余明珠那裏獲悉二舅（余明英）已從部隊復員，從武漢途經宜昌，準備回興山去。次日清晨，我冒雨一口氣從宜昌市七中跑到了二馬路，在一家旅社見到了久別的二舅。二舅因找工作未能如願，臉上流露出一些愁容。當即我向二舅簡單地講述了當時枝江和宜都合併後青年學生求學、就業難的一些情況，我當時初中尚未畢業，因思念久別而又多病的母親，便提出請他帶我回興山的要求。二舅十分勉強地答應了。

好不容易盼到雨停，長江恢復航運了，但船票仍然很緊張。因二舅是復員軍人，給他優待了一張船票。我和一個叫范昌鼎（興山人，比我大四歲，是我在船上才認識的一個中學生）的都沒有買到船票，心裏十分著急。范的屁股上長了一個皰，走路一跛一跛的，更急著回家。二舅毅然決定：「你們先上船再說。」

凌晨四點半鐘，開往重慶的「江渝」輪艙門打開了，旅客們開始上船。我和范因沒有船票，只好混在送客的人群中上了船。

嗚！嗚！嗚……五點三十分輪船準時啓航，逆江而上。夜幕中長江兩岸的燈火顯得格外明亮。我和范昌鼎因心虛，坐在自己的鋪蓋捲上，心裏忐忑不安。

天大亮了，輪船抵達香溪。因爲當時香溪沒有停靠大船的碼頭，在香溪上下船的旅客只能靠一隻隻小木船到江心接送客人。不一會兒，輪船停了，船上開始檢票。我和范嚇得像熱鍋上的螞蟻，東躲西藏，總想躲脫查票這一關。哪知那個檢票員十分厲害，硬是一個不漏地查票。二舅的行李多，又是復員軍人，準備下船了。我和范跟在他後面，但卻被攔住了。二舅哀求船員，照顧小娃子，補張票放行。那個檢票員板著面孔惡狠狠地說：「不行！」說時遲，那時快。船頭一擺，加足馬力開走了。我和范怏怏地站在甲板上，十米、二十米、三十米……，眼看我們離香溪漸漸遠了，離興山就更遠了。由於心情緊張，范昌鼎的飽更疼了，哼聲不止，我也開始哭了。不一會兒，這一情況被船長（姓陳，三十歲上下，身材高大，說話不太好懂）知道了，當時就埋怨檢票員，不該把兩個小鬼留在船上，簡直成了大麻煩。他一邊說一邊從褲袋裏給我們倆各掏了一把錢（儘是分分角角的，一數我有三元二角一分，范有二元九角四分），叫我們在巴東「遞漂」上岸。一會兒船駛近巴東，開始減速，可是江水流速太快，巴東接送旅客的小船怎麼也開不過來，大船只好又加速前進了。

大約兩小時過去了，輪船進入了長江三峽的巫峽。峽江兩岸石壁陡峭，江面越來越窄，江水在峽谷中奔騰咆哮。輪船的汽笛聲、機器的馬達聲、洶湧澎湃的波濤聲，匯合成巨大的音流，震耳欲聾。我和范昌鼎站在甲板上焦急地望著遠方，思緒萬千，膽顫心驚。船上的安全員看出了我倆的心思，怕我們投江自殺，於是專門派了一個姓盧的叔叔負責我倆的安全。我們走到哪裏他就跟到哪裏。一會兒船上開午飯了。盧叔叔給我們每人盛了一大碗米飯，上面還放了些香菌、木耳、豬蹄和炒菜，勸我們吃，可是我們哪裏吃得下去呀！

輪船經過一整天的全速航行，夜幕降臨了。我發現遠方一大片燈光。盧叔叔告訴我們，前面就是巫山縣城。不一會兒，船在江心停了下來。船長和幾個工作人員在一起咕嚕了一陣以後，便通知我和范昌鼎兩人下船。接著安排一個姓李的同志把我們送到了巫山縣公安派出所。派出所一個姓梁的同志（四十歲上下，四川口音，一身警服，十分威嚴），詳細地詢問了我們在船上的經過，不厭其煩地說，旅客乘船不買票是不對的，你們是學生，今後要注意。今晚不早了，你們自己找地方住，等天晴了，你們自己想辦法找回去。

巫山的雨比宜昌還大。一天、兩天、三天過去了，我倆就靠船長給的幾元錢維持生活，上午一人一碗綠豆稀飯，下午一人一碗包穀麵飯，另加一點鹹菜，晚上就在港務局售票廳的條椅上睡覺。

連續三天的連陰雨終於停了。街上的一些好心人，看到我們可憐的樣子，你一言，我一語，幫我倆想辦法。一位姓孫的伯伯說：「你們是學生，又未犯法，怕什麼，你們要找民政部門解決。」眞是一人不得二人智啊！我倆按照孫伯伯的建議，找到了巫山縣民政局，一個姓高的同志接待了我們。他熱情地詢問了我們的詳細情況，對我們進行了一些安慰，並埋怨我倆不該下船，他們（指船上的人）是會想辦法解決的。高同志接著說：「既然事已如此，我們也不能撒手不管，給你們每個人八元錢做路費，明早（步行）回去。你們到了巴東以後，去找巴東縣民政局，他們會幫助解決的。」

第二天一大早，我和范昌鼎背著鋪蓋捲上路了。一路上，見人就問路。那個鬼地方，天氣變化無常，時而晴空萬里，時而雷電交加，大雨傾盆。我們在氣候十分惡劣的情況下，經過了人跡罕至的火峰界嶺，翻越了陡峭的龍口埡，闖過了陰森森的棺材溝……吃的是火炕子麵飯，喝的是泥漿子水，睡的是包穀葉子鋪，走了兩天腿子就發腫了，想蹲都蹲不下去。

經過兩天半的艱苦跋涉，好不容易到了巴東縣城，我們首先找到巴東縣民政局。接待我們的是一個姓杜的同志，個子不高，態度很嚴肅，我們怎麼哀求，他也不相信。第二天，我們又去找他，他說與巫山縣民政局電話聯繫以後再說。我們又在巴東熬了一天，快下班的時候，姓杜的才答應給我們每人發六元錢生活費，並給秭歸縣民政局開了一張介紹信。我們帶著介紹信，走了一段旱路以後，開始乘船橫渡長江。過江的那個地方，江面上的漩渦一個接著一個。架小木船的梢公，大概是因爲水太急、太危險了，嘴裏不住地噓！噓！我們和另外三個乘船的人，又嚇了一身冷汗。

上岸後，未走多遠，就到了秭歸縣城。秭歸縣民政局的王同志接待了我們。他看了巴東縣民政局的介紹信以後，很關愛地說：「你們兩個小傢伙眞不簡單，你們離家鄉不遠了，再發給你們四元生活費就可以到家了。」

經過五天半時間的長途跋涉，我和范昌鼎終於回到了久別的故鄉——興山。我和他有氣無力地躺在城關香溪河邊的沙灘上，各人清點著自己身上的錢，他還剩二元二角，我還有二元八角四分。我望著他，他望著我，默默無言。回顧這次難忘的旅行，眞是慌不擇路，啼笑皆非！

水落石出

一九五九年三月十三日，是我一生中難忘的日子。因爲這一天是我接到生產大隊的通知，去蘇家嶺小學擔任民辦教師，第一次走上講臺的日子。當時不滿十八歲的我，命運才有了轉機。

蘇家嶺小學是一所民辦初級小學。一至四年級，兩個教學班，兩個民辦教師。另一個教師是個女同志，叫聶心翠。學校的校舍是借用村民蘇兆坤的民房。一間堂屋和一間偏房做教室，一個牛圈和一個豬欄改做成辦公室和師生生活用房。因學校沒有住房，老師只好「教跑學」。爲了給學校讓房子，蘇兆坤的一些傢俱、曬席、農具和雞籠只好搬到房外放著。蘇兆坤的繼母姓金，七十多歲，大家叫他金婆婆。借用蘇兆坤的房子做教室有兩個原因，一是位置比較集中，可方便學生就近上學；二是時任生產大隊長的蘇家秀是蘇兆坤的么爹，好做工作。迫於壓力，蘇兆坤母子只得極不情願地答應把房子借給學校。

眾所周知，一九六〇年是我國歷史上罕見的災荒年。因爲頭年連續六十七天的大旱，使大片大片的莊稼顆粒無收，加上當地政府官員官僚主義作風盛行，欺上瞞下，浮報虛誇，並揚言「興山雖然有旱災，但人定勝天，大災迎來了大豐收」等等。以至絕大多數農民家裏可謂日無雞啄米，夜無鼠耗糧。成群結隊的農民上山尋找野物，如樹根、樹皮、觀音土等，以充饑度命。部分年老體弱的農民，因營養嚴重不足，有的全身浮腫，有的婦女子宮脫垂住進了醫院，有的活活地餓死在荒郊野外……

俗話說，饑寒起盜心。人們生活極度困難，有些人爲了尋覓食物，便到處扒竊，以至社會上偷盜成風。學東蘇兆坤爲了給學校讓房子，有些物品放在室外，爲一些偷盜者行竊創造了有利條件。有一天夜晚，趁主人不備，盜竊者將一個木製雞籠（木櫃）抬到離房屋約半里路的地方，把十二隻母雞全部盜走。金婆婆指桑罵槐地罵了一通。立秋之後，學東的三桶蜂房又被偷盜者搬到旁邊的竹園裏，將蜂子用火燒死，把幾十斤蜂糖全部盜走了。沒過多久，與兒子各居的金婆婆又發現她家的化豬油和大米也不見了。因爲家裏連續三次被盜，她再也按捺不住心中的怒火，便在學生中指雞罵狗地發起脾氣來：「老輩子說過，屋裏不見瓜，隔壁兩三家。」她又連忙對聶老師解釋說：「聶老師你莫多心，我們都是貧下中農，是般般俱重，這樣的醜事只有那些地主狗崽子才做得出來。這回不把偷的東西拿出來，試試老娘的功夫看！」金婦不堪入耳的罵語，雖然沒有指名道姓，其懷疑對象不是昭然若揭嗎？

天啦！眞是天不滅人，人自滅呀！我這個不白之冤何時才能澄清啊！我眞恨不得以死證明自己的清白。後來在聶老師和一些好心人的勸說下，才打消了我輕生的念頭。

不能，絕對不能！我這樣不明不白地死了，有誰爲我伸冤？還會說我是畏罪自殺。於是，我將被害情況向大隊黨支部作了匯報。大隊書記郝大成、大隊長蘇家秀到學校作了調查，當場對金進行了嚴肅的批評教育，並指出，在事實未弄清楚以前，隨便栽贓害人是犯法的。金聽說亂說別人做強盜也「犯法」，她才開始有所收斂。

那幾年農村盜竊成風，群眾反映強烈，公社黨委加大了對案件的查處力度。以公社公安特派員曾慶元爲首的破案小組，經過兩個多月的調查，一批盜竊食物案，一一告破。經查明，蘇家嶺村的盜雞案是鄰村四個扒手所爲，當晚四人坐地分贓，沒有一個賣錢，全是爲了解決饑餓問題，退贓是絕對不可能了。燒蜂盜糖案是古夫龍池的一幫夜晚打果子狸（俗稱「白米子」）的人見財起意所爲。贓物早已吃的吃、賣的賣，全部整光了。學東家發生的三起盜竊案，現已有兩起眞相大白，唯有室內被盜的豬油、大米案，仍是個謎。

冬去春來，眞叫強盜不犯三年自己說。金婆婆的兒媳婦（姓萬）在離家三十多里的黃糧坪鹽水河開餐館，一次回家拿糧食，見其婆母不在家，就順手牽羊把婆母的豬油和大米拿走了。金婆婆母子雖然分了家，但仍住在一棟房子內。過春節時，全家團聚，金婆婆試探性地問起此事，姓萬的媳婦毫不隱瞞地承認是她所爲。金婆婆考慮到自己是離天遠、離土近了的人，兒子媳婦畢竟是她的終身之靠，不便發作，只是氣得直跺腳。僅哽咽著說了一句話：「你們這些娃子，爲什麼不早對我說，眞是家賊難防啊！」

時間是最好的見證。學東三起莫名其妙的被盜案，經過長達半年之久的考察，總算水落石出。

第二年開學後的一天，金婆婆突然提出請我和聶老師吃飯。我們都感到很意外。原來金婆婆是想借酒說話，向我賠禮道歉，以消除彼此之間的隔閡。席間，金婆婆一邊用顫抖的手給我斟酒，一邊慚愧地說：「喬老師，這些強盜狗日的，偷老娘的東西，我這個老糊塗，在屋裏胡思亂想，確實把你說冤枉了。俗話說，有的有害，無的無害。你曉得我沒有文化，在生我把你傷害了，你千萬不要多我的心，我只有死後在陰間保佑你。」在場的聶老師也借話說話，給我做工作。

金婆婆的話，雖然看起來很中肯，但仍然激起了我心中的怒火。我使勁地放下酒杯，說：「金婆婆，你是過來人，我雖然家庭出身不好，這是任何人不能選擇的。我的父親生前也是教書的，他雖然死得早，但我的母親對我的教育是十分嚴格的。俗話說：『餓死不爲盜，討飯無人笑，我們家裏即使再窮，幾根骨頭還是硬的呀！』酒未喝完，我就不辭而別了。

七角四分錢

二十世紀六〇年代末的一個冬天，冬至剛過，一場小雪給大地帶來了幾份寒意。按照慣例，農村的機關學校和周圍一些較富裕的農戶都在打聽買木炭過冬的事。當時，我正在仙侶中小學當民辦教師，每年的工資就是大隊記的三千六百個工分，參加大隊分配，按當時的分值計算，不過百元左右，扣去口糧錢以後就所剩無幾了。家裏吃鹽、點亮、穿衣的開支，全靠節假日背腳和賣點小藥材來維持。

在計劃經濟時代，木炭屬於統購物資，由當地供銷社統一經營。本來場家每擔炭只有三元兩角錢，加上供銷社收進賣出，又加七角四分錢的手續費。這樣每擔炭的銷售價就成了三元九角四分。學校爲了圖簡單，按每百斤木炭五元五角發給老師，如果自己去背，每擔炭就可以淨落一元五角五分錢。當時還可以稱十多斤鹽哩！

好不容易盼到了一個晴朗的星期日。我約郝大成一同到距學校三十多里的梯兒岩背炭。他也高興得不得了。第二天天剛濛濛亮，我和他倆帶著乾糧出發了。一路上，兩人總在盤算，我們這一天背一百斤炭，還要走六十多里山路，只能落八角一分錢，如果能躲過石槽溪、界牌埡供銷社兩道收費關口，才能落一元五角五分錢，還是摸黑繞山為上策。

說著，說著，太陽偏西了。反正白天背炭不敢上路，我們就慢條斯理地一邊啃漿粑粑，一邊聊天，消磨時間。不一會兒，我們來到了目的地——梯兒岩。一看，炭場建在一個半山腰陡峭的岩墩裏，背炭的人經過這裏，眞像爬梯子登天一樣危險，稍不留神就會滾下萬丈深淵。梯兒岩名不虛傳。我和郝大成都有些害怕了。但是，為了掙這一元五角五分錢，既然來了，只好硬著頭皮裝了炭。

隆冬的夜晚，月亮格外明亮，田野上一片片的白霜，在月光的輝映下，顯得格外冷清、寂靜。我和郝大成背著炭開始上路了。一路上，我們按照上七下八平十一背腳的規矩，吱呀吱呀，三步兩打杵地往回趕。大約走了八里路，隱隱約約發現了前面一絲燈光——那不就是石槽溪供銷社二樓值班室的燈光嗎！據當地農民說，供銷社管炭的叫彭××，很厲害，他為了抓收入，經常整夜不睡覺。我們怯膽了。於是，我們只好改變方向，爬上周家坡，穿過羅家嶺，越過胡家灣，足足多走了六里路。由於提心吊膽，累得滿頭大汗，可是我們背上的木炭早已結下了一層薄薄的白霜。這一關總算闖過了。

過了一關又一關，一關更比一關難。糟了，東方發白了，當我倆踏上界牌埡的大路時，天已大亮。我們正在爲過這道關發愁的時候，發現前面來了一個挑水的人，他——不就是界牌埡供銷社收購部的鄭××嗎！眞倒霉！不一會兒，鄭漸漸逼近了我們。他惡狠狠地說：「你們快給我把炭放下！」說完大搖大擺地挑水去了。

我和郝大成互使了個眼色，背著炭鼓足勇氣，頭也不回地跑了。那知這一跑，竟把鄭惹火了，他當即把水桶一扔，一邊惡狠狠地大聲喊：「站住！站住！」一邊拼命地追。我們一打杵，他就板著臉，眼睛望著另一個方向，一聲不吭。意思是說，看你們今天跑到那裏去？就這樣，我們背著炭走了四里多路，他也空著手追了我們四里多路。

經過一整夜地負重跋涉，我們累得精疲力盡了，在距學校大約還有四里路的蔣家堡，我們只好停步了。一過秤，我倆每人被迫補交了七角四分錢的手續費。鄭××接過錢，得意忘形地揚長而去。

賣油買書

三年自然災害時期的一九五九年，因爲持續六十多天的大旱，糧食大減產，農民只得靠吃野菜、樹根和代食品度日。孩子們上學讀書更成了問題。當時，我正在蘇家院一所民辦小學當老師。秋季開學的時候，學校報了三天名，全校一至四年級三十八個學生，僅有七個學生報了名，原因是有的家長因沒有飯吃，營養不良，到腫病醫院住院去了，有的家長餓倒了，有的因饑餓已撒手人寰。學生既無飯吃，也無錢買書，學校怎麼開學呀！我向主管教育的大隊長蘇家秀匯報這一情況後，蘇隊長深深地歎了一口氣，慢吞吞地說：「這些娃子命眞苦啊！我們不能眼睜睜地看著他們成新文盲。可是大隊沒有一分錢拿出來辦學校。我想來想去，就是袁家灣榨坊裏還剩下幾十斤桐油，可以變幾個錢。」當我聽到這個訊息後，心裏確實很高興。於是，我主動答應親自把桐油背到縣城去賣，再購書回來發給學生好開學，蘇隊長滿意地笑了。

說起背桐油我還是第一次哩。裝油的簍子是用篾編好後再用牛屎糊的。一個油簍可以裝一百多斤，可是這次只有幾十斤油。真是滿罐子不蕩半罐子蕩啊。油裝好了，哪知我剛一開步，由於簍大油少，桐油在簍子裏面蕩來蕩去像跳舞似的咕嘟咕嘟直叫。我只好一步三晃，吃力地朝城關奔去。

夏末的太陽像一盆火，哪知桐油一遇到高溫就發酵了。開始，油一點一點地往外漏，後來，就一股一股地朝外流。眞糟糕！不一會兒，我一件半新的襯衣，全被桐油和汗水浸透了。全身到處是油水，又滑又臭。於是，我乾脆把襯衣脫下來，打著赤膊背著走。背帶像刀子一樣，加上火辣辣的太陽，不一會兒，肩膀就被磨破了。我咬緊牙關，硬是把桐油背到了距家五十多里的目的地——興山縣城生資收購部。桐油賣了，僅僅兌了一百一十八元錢，勉強夠買書用。

太陽偏西了。我到新華書店，爲三十八個學生購齊了語文、算術課本。一掂大概有六十多斤重。有個好心人說：「你一天背上下貨要走一百多里路，受得了嗎？何不在城關歇一夜，明天再回去，不舒服些嗎？」可是身上只有二角二分錢了，如果在城裏歇，生活費、住宿費從哪裏來！毅然決定，趕路回家。

夜幕降臨了，我不顧腳後跟被草鞋磨過的血泡，肩膀被背子啃咬的傷口，背著一捆沉甸甸的書，一步一步地往回趕。當我把書背回學校時，已經更深人靜了。

開門辦學

在竭力鼓吹敢於反潮流的「革命小將」——黃帥我是中國人，何必學外文，不學ＡＢＣ，照當接班人這一典型歲月裏，所有學校爲了貫徹落實毛主席關於學生要學工、學農、學軍，也要批判資產階級的「五七」指示，從根本上剷除「封資修」的毒苗，對學校提出了一個非常時髦的口號——開門辦學。

在這一辦學思想指導下，仙侶中小學一位「左」得出奇的A領導，爲了趕浪潮、出政績，迅速召開全校教職工會，學文件、搞動員、定方案，落實開門辦學的措施。在討論會上，有的說，把學校搬到改田的大會戰戰場去，在那裏可以一邊學改田，一邊學丈量測算土地面積的知識。有的說，把學校搬到生產隊去，可以一邊學習種莊稼，搞收割，一邊向「三老」（即老黨員、老幹部、老社員）學習他們的革命精神和農作物栽培技術。有的說，乾脆把學校搬到大隊部去，學珠算、學應用文……大家你一言，我一語，會上雖然討論得很熱烈，但是都沒有說到校領導的心坎兒上去。A領導深深地吸了幾口旱煙，開腔了：「你們說的這些措施，我認爲，一是你們像小腳女人，幹革命的膽子不大，怕這怕那，就不怕學生變修。二是這些辦法不科學，既然上面號召我們搞開門辦學，要『開門』就要開大一點兒，想『辦學』，就要走遠一點兒，這樣才有聲勢，有震動。張鐵生考大學交白卷作了幾句順口溜，不成了英雄嘛，連這一點你們就看不到？我提議，我們學校開門辦學要請喬老師（指我）帶個頭，不過人辛苦一點，先把一個五年級班拉出去，把教室搬到紅岩埡，找一間生產隊的空倉庫，安營紮寨。堅持半天讀書，半天勞動，讀書主要是讀毛主席的書，學『老三篇』（即〈爲人民服務〉、〈紀念白求恩〉、〈愚公移山〉）和上階級鬥爭課（附帶學一些數學知識）；勞動，主要是在塞埡子寨一個老煤炭洞子裏挖黑土，做『五四零六』土化肥。這樣，既能夠磨煉師生的革命意志，又能夠學到一些製作土化肥的科學技術，同時還可以測量堆放在平地上的土化肥圓錐，學一些有關圓錐體的丈量和計算方法，這不是一舉多得嗎？」開門辦學的方案就這樣確定下來了。

淅淅瀝瀝的春雨下個不停。開門辦學不能因天氣不好耽誤時間，應該做到行動軍事化。一天，A領導下逐客令了。於是我只好帶著三十二個學生冒雨出發。走在隊伍最前面的是班長萬××，他扛著一面寫著「開門辦學」四個字的旗子，接著後面有的背課桌，有的扛凳子，有的抬黑板，唱著「下定決心，不怕犧牲，排除萬難，去爭取勝利」的毛主席語錄歌。一路上，大家有說有笑，不一會兒我們就到達了目的地。

遠遠望去，倉庫的外牆上用土紅水刷寫的「農業學大寨」和「批鄧批孔」的標語十分醒目。走近屋內一看，一間約二十平方米的房子，一群群老鼠穿梭似地跑來跑去，蜘蛛在屋內布下了天羅地網。我帶著同學們很快收拾好屋子，首先在正面牆上端端正正地掛上毛主席像和毛主席語錄牌。接著擺放課桌凳和辦公桌。就這樣，一所「別開生面」的仙侶小學分校辦起來了。

開學典禮那天，為了迎接大隊幹部來分校作動員報告，我特意用大紅紙寫了一副對聯貼在校門上。上聯是「仙侶山麓辦分校」；下聯是「紅岩埡上育新人」；橫批是：「開門辦學」。分校開學的第一課，除了請大隊幹部作動員報告外，就是請苦大仇深的老貧農聶立壽上階級鬥爭課。聶老背著一個未滿周歲（因聶老的老伴剛去世不久）的孩子，站在講壇上用自己的親身經歷，講述了在那萬惡的舊社會，地主階級是怎樣剝削農民的；僞保甲長是怎樣充當國民黨的狗腿子，到處拉兵拉夫，把窮人整得妻離子散，家破人亡的。聶老在講述中，時而咬牙切齒，時而痛哭流涕……舊社會的土豪劣紳，一件件、一樁樁的罪惡事實，使大家深受教育。

接著，A領導給分校的課程做了安排。分校每天要上好「兩課」。上午上所謂的文化課，學毛主席語錄。有時上一節數學課，主要是聯繫階級鬥爭、生產鬥爭實際，學習整數、分數、百分數的概念及運用。下午半天是上挖黑土做「五四零六」土化肥的勞動課。年終進行考核評比。

說起挖礦粉配製土化肥，我原來完全是杆面杖吹火——一竅不通。曾經在當地流傳著這樣兩句話：挖炭的人埋了未死，撐船的人死了未埋。通過實踐，的確不假。回想起當時帶領學生挖黑土做化肥的一幕，眞叫人不寒而慄。

分校每天的勞動課是在距學校約兩公里的一個岩洞裏進行的。洞門大約有一米五見方，門的四周都是岩石，爲了安全，洞的頂層和兩旁用廂柱支撐著。洞深十四、五米，學生個子小進出還可以，可是，我在洞內勞動，必須彎腰九十度，動不動就把頭碰著了，至今我還有頭痛後遺症。由於洞深缺氧，在洞裏面呼吸十分困難，經常有學生昏倒。但爲了完成上級交給的任務，只好硬著頭皮，堅持每天下午去上這一課——挖運黑土。在勞動過程中，我和三十多個學生在洞裏挖的挖，刨的刨，裝的裝，背的背，在洞裏進進出出，出出進進。然後把挖出來的黑土在校門上堆成一個圓堆，加些水和一些草木灰什麼的，讓它發酵，就成了所謂的「五四零六」土化肥了。定期將這些土化肥，由學校師生敲鑼打鼓給生產隊送去，以示支援農業學大寨。大隊幹部把學校A領導表揚一番，這就是開門辦學的「偉大成果」。

就這樣，日復一日、月復一月地在那裏堅持了四個多月時間。一個突如其來的安全事故奇跡般的發生了。

那是一個星期六的下午，我和同學們按慣例在炭洞子裏上了勞動課以後，大家都回家休息了。但誰也沒有料到，下一個星期一的下午去勞動時，一個跑在隊伍最前面的學生，怪聲怪氣地喊到：「喬老師，出拐了，出拐了！」當時我聽到他的喊聲，心中真不是滋味，這個娃子真不懂事，說的話太不吉利了。挖炭人是非常忌諱這一點的。我三步並作兩步，向洞口奔去。

一看，天啦！洞口被一個幾噸重的岩石封嚴了。再仔細觀察，原來是這座山整體滑坡了。山上到處是裂縫，遍山的小樹和野草被震得東倒西歪，一群烏鴉在我們頭上飛來飛去哇哇怪叫……

我和三十多個同學，被這嚇人的場面驚呆了，大家你望著我，我望著你，說不出一句話來。心裏都在默默地想，這次山體滑坡要不是發生在星期天，我們不都被活埋了嗎！眞是老天有眼，師生洪福齊天啦！

解圍

有一年夏天，我同鄰居蔣光前到距家二十多公里的楊家山背木炭。楊家山海拔一千五百多米，山大人稀，森林茂密，是生產、銷售木炭的好地方。

出發那天，驕陽似火，路上行人有的戴著用山上的青柯子編製的涼帽；有的拿著扇子，不住地搧；我和蔣光前爲了趕路，走得滿頭大汗。

中午過後，幾聲炸雷劃過長空，不一會兒烏雲密佈，一陣陣狂風颳得山上的樹葉沙沙作響。糟了，快下雨了！我們倆趕緊裝好炭，啓程不到半個小時，瓢潑大雨撲面而來。冒雨未走幾步，全身都被雨淋濕透了。看來我們今天怎麼也回不去了。在這荒山野嶺，到哪裏去找歇處？再說，我們倆身無半文，即使找到了歇處，生活費、住宿費從哪裏來呢？蔣光前結結巴巴地說：「不——要緊，我——有——一對——新電池，可以——作抵。」我說：「如果人家家裏從未用過電筒呢？別人還說我們倆是騙子啦！」我和他像一對落湯雞，在一個可以避雨的山洞裏焦急地議論著。

雨越下越大。

過了一會兒，雨雖然停了，但天漸漸黑了。對面山窩裏不時傳來幾聲狗叫聲。在伸手不見五指的黑夜裏，我們只好朝著狗叫的方向走去。摸著走了一段路，發現前面一點燈光。我倆一杵打在一戶人家的門口，看到堂屋裏桌子上燃著一堆油亮子（含松油很多的疙瘩），聽見屋內一男一女正在叮嘴，爭吵的內容是女人埋怨男人沒有文化，連算盤就不會打，大起膽子接了生產隊的會計，要是錯了帳，要賠款，錢從哪裏來。我和蔣光前在外面聽得一清二楚。於是，我們急不可待地喊老闆借歇。

老闆娘出來了。她，中等身材，四十歲上下，穿一套補巴連補巴的衣服，不耐煩地答道：「俗話說，醜瞞得住，窮瞞不住，我們家只有一套鋪蓋，沒有地方歇，您們還是另找一戶人家吧！」

我們連忙哀求道：「你看，我們全身都打濕透了，又餓又冷，確實走不動了，你們做個好事吧，沒有床鋪，我們在你這裏烤一夜火也可以。」那個老闆娘看到我們可憐的樣子，又說得如此懇切，只好答應了。我們把炭背進屋去，找地方靠好。

過了一會兒，老闆娘抱了一大抱楂子柴，發了一壟大火，我們一邊烤火，一邊在火壟裏燒洋芋充饑。

老闆叫袁選貴，身材魁梧，一臉絡腮鬍子，一看就是一個憨厚樸實的農民。因爲兩口子吵了架，他一個人坐在灶門口吸旱煙。老闆娘很愛說，向我們問這問那，言談中流露出了她爲男人不會打算盤，又想當會計而吵嘴的事。心直口結的蔣光前連忙插嘴說：「不——會——打算盤——要——什麼緊吶，我們這兒有打算盤的——師傅，請他——教——行不行？」老闆聽說我會珠算，高興地說：「那好沙，那好沙！」他們倆在對話，我卻在暗思，這個姓袁的看樣子生得很笨，學知識，不比薅草挖田，該教得會嗎？於是，那個姓袁的拿著一把被煙熏得發黑的算盤，向我求教來了。我爲了討得老闆的歡欣，度過這個特殊的夜晚，只好接受了這個頭疼的差事。

首先，我摸了一下他的珠算知識底細，然後，像教小學生那樣，用「三遍還原」、「七遍還原」的方法，教他學會了珠算加法；又用「逗數」、「湊數」的方法，教他學會了珠算減法。好在他的乘法口訣還比較熟，於是，我採用「留頭乘」的方法，教他學會了珠算乘法。他知道珠算除法是最難的。老袁趕緊喊他的老婆，快去煮塊臘肉，炒幾個菜，煮點杈豆米飯，辦宵夜。我和蔣光前聽了這個話，心裏熱乎乎的。我想來想去，怎樣幫助他在較短的時間內突破珠算除法這一難點呢？唯一的辦法就是用「小九歸」。我將從「二一添作五，逢二進一」開始到「逢九進一」的除法口訣全部抄給他，教他背，在他熟悉口訣的基礎上，又給他一句一句地講解口訣的意思和在算盤上撥珠的動作。

桌上的「油亮子」加了一次又一次，經過將近七個小時的輔導和練習，這個原來對珠算四則運算一竅不通的蠻漢子，基本上都掌握了。天快亮了，我深深地歎了一口氣。心想，眞是人不可貌相啊！

雄雞已叫三遍了，老闆娘的臘肉火鍋早已準備好了。袁老闆把我倆當貴客一樣，一次又一次地站起來，一會兒給我們敬酒，一會兒給我們夾菜，十分感激地說：「我們眞算遇到貴人啦。人啦，還是多學點知識好。」一會兒又說：「我們老高山窮，生活不好，莫見怪，無論如何你們今天還要在我這裏玩一天，歇一天腳再走！」

第二天天放晴了，金色的陽光灑在崎嶇的山路上。我們婉言謝絕了袁老闆夫婦的挽留，迎著朝陽，借著酒性，一路上談笑風生。蔣光前感激地說：「我們——這次出門，幸虧你有點藝，眞是——天不生——絕人之路，是小知識——給我們——解了——大圍呀！」

一劑草藥救人命

眞是無巧不成書。

在世界上，人的生、老、病、死固然是不可抗拒的自然規律，但是，用唯物辨證的觀點看，有些看似致命的絕症，只要施治得法，或者說是偶然的巧合，也可能使瀕臨死亡的人轉危爲安，甚至活得很好，實爲奇跡。這無不對人們如何延年益壽帶來一些有益的啓示。

故事得從頭說起。

那是二十世紀六〇年代末，我們生產隊有一個現役軍人的母親（姓楊），大家叫她楊婆婆，突然得了重病，生命危在旦夕。

當時正處穀黃米熟的望收八月，人們都在日拼夜戰忙收割，聽說軍人的母親得了重病，幹部們怎敢怠慢，便毅然下令豎刀（停止收割）救人！因爲這是擁軍優屬的政治任務，當時我也參加了搶救病人的活動。

家鄉距縣醫院約六十多里山路，交通十分不便，因救人在即，大家只好打著燈籠火把，用擔架把病人抬到縣醫院。

醫生通過檢查，病人被確診爲腎功能衰竭綜合症，病情沉重，加之年齡較大，隨時都有死亡的危險。院方催促家屬儘快把病人搬走，準備後事。

醫院的檢查結論，猶如晴天霹靂，使大家十分震驚，病人家屬悲痛欲絕，頓時哭聲不斷。

幸好護送病人的原班人馬還未離開，大家又連夜把病人抬回了家。

在生產隊長的安排下，有的油漆棺材，有的趕製壽衣，有的打米磨麵，有的上山砍柴……忙著準備後事。可惡的烏鴉也在屋頂上飛來飛去，哇哇慘叫。一家人沉浸在極其悲痛的氣氛之中。左鄰右舍和親友也陸續趕來，準備幫助辦後事。

說來也怪，楊婆婆娘家有一個約四十多歲的男子，邊哭邊說：「病人的病情確實很重，把生產隊的幹部群眾都操了心，我想建個議，聽說秭歸官莊坪有一個老中醫，姓熊，在仙侶山採藥，住在紅岩埡，能不能把他接來試試看。」話音剛落，大家議論紛紛。有的說：「楊婆婆起病以後，生產隊連割穀子都停下來了，打著燈籠火把病人抬到縣醫院搶救，又通過先進的儀器檢查，結論爲不治之症，一些根根楂楂的中草藥，能起作用嗎？」有的說：「說個迷信話，我們抬病人去，還覺得輕鬆些，哪怕是摸夜路，大家不知不覺地把病人抬到了縣城，這次抬她回來，眞像抬死屍一樣，好像格外重，我看楊婆婆早已順陰了（意思是與鬼神到一起了）。」也有的說：「老輩子說得有，急病求三醫，死馬當作活馬醫，反正路不遠，也可以試探性地把熊先生接來給病人看一看，也不花多少錢，」最後楊婆婆的老伴桓伯伯含著淚小聲說：「感謝大家的好意，又怕她還有救，我同意去接熊醫生。」

楊婆婆已奄奄一息。時間一分一秒地過去了，大家焦急地等候著熊先生的到來。深夜兩點鐘左右，熊先生來了。他個子不高，留一頭長髮，面色黝黑，身著一身破舊的中山服，因他左腿長，右腿短，走起路來一跛一跛的，拄著一根帶有龍頭形的木拐棍，如果以貌取人，確實其貌不揚。

按照當地習俗，熊先生坐了片刻之後，慢條斯理地來到病人跟前。一看，病人仰面躺著，面色煞白煞白，雙目緊閉，雙拳緊握，要不是喉嚨的痰液，隨著微弱的呼吸，呼嚕呼嚕作響，儼然一具屍體。

熊先生首先觀察病人的瞳孔，接著按照男左女右的規矩，開始給病人診脈，邊診邊哼，雙眉緊鎖，不時流露出一種失望和無賴的神情。

病人的房間裏擠滿了人，大家無不期待著熊先生起死回生，把病人從死亡線上拉回來。

過了一會兒，熊先生用秭歸口音小聲地對其家人說：「病人的脈象屬雞啄米，情況不好。我既然來了，還是弄幾味藥給病人喝，但是，我這個藥，很少用，一次不能超過一湯匙，若是過了量，我概不負責。」說完，熊先生從這個荷包裏掏出幾個根根，從那個荷包裏摳出一些藥果果，又從一個小瓷壺裏倒出些藥麵子，配成一劑不到一兩重的中草藥，並親自煎藥。

病人服下以後，大約過了三個小時，東方剛發白的時候，奇跡出現了！

病人突然睜開雙眼，嘴唇略轉紅潤，對家人用手指著口——想喝點水。家人理解病人的意思，餵了點白糖水以後，病人漸漸甦醒，忽然大喊了一聲：「我的媽呀！」以後，病人逐步轉危爲安。緊接著，又服了熊先生幾劑中藥，病人不僅脫離了危險，還能像健康人一樣參加集體勞動。

但萬萬沒有想到的是，時隔三年以後，因一次家庭矛盾，楊婆婆竟一時想不通而懸樑自盡。

楊婆婆雖然已故三十多年了，可是，熊醫生藥到病除，妙手回春的佳話至今還在家鄉傳誦著。

母親的最後歲月

一九六〇年上半年，是母親臨終前的最後六個多月時間。因爲母親隨著病情的加重，預感到自己存活的時日已不多了，所以，一向善良、溫和的母親，忽然變得異常焦躁和嚴厲起來。特別是對我這個剛剛踏入社會，今後的人生道路該怎麼走，如何成家立業的長子來說，無不牽腸掛肚。心想抓住最後的機會，盡一份做母親的責任。有幾件小事，使我至今記憶猶新，足見慈母愛子憐子之情。

・一頂棉帽

隨著歲月的流逝，我漸漸長大成人。體力也隨之增大。鑒於當時家庭缺衣少食的境況，開始萌發靠苦力掙點錢，以解決燃眉之急的想法。

一九六〇年元月，年關臨近，雖然「四九」剛過，但仍有幾份寒意。有錢的人家都在忙著籌備過年的事。當時尚不懂事的我，不知是什麼原因，對當時流行的一種有耳巴子的棉帽子很感興趣，即使過年縫不起新衣裳，能買頂新帽子過年戴一戴，也覺得心滿意足。

恰巧，附近的蘇兆鈞和蘇宗禹兩個力氣比較大的小夥子來約我到界牌埡供銷社背貨掙錢。因快過年了，又需要錢用，媽媽很高興地答應了。

這次短途運輸，機會很好，從界牌埡到縣城都有上下貨，不跑空路。因爲我是第一次學背腳（就是背貨），一一二斤木炭一上肩，不僅兩腿發抖，一雙肩膀也像用繩子捆綁一樣，又酸又痲。但爲了掙這三元多錢，只好咬緊牙關，跟著他倆三步兩打杵艱難地向縣城慢慢挪動。從界牌埡還沒走到晾風埡（約十公里），雙腳都被草鞋磨起了血泡。夕陽西下的時候，我們三人才好不容易到達了目的地——縣土產公司。

因爲年關臨近，第二天背上貨是糕餅糖食。開始裝了一百斤貨一試，像有千斤重似的，因爲頭一天負重長途跋涉，渾身上下像棍棒打了一樣疼痛，只好退了二十斤貨。雖然只背了八十多斤，但一直走到太陽快落山的時候，我們才趕到界牌埡合作社。兩天一共結了四元一角二分錢的力資。

拿到力資以後，我便不假思索地去買了一頂棉帽子，單價爲一元六角二分。過細一看，帽子面料是蘭啰嘰的，帽子內還有一層水紅色的絨布，覺得很滿意，便迫不及待地戴在了頭上。時而拉下兩個耳巴子捂著耳朵，時而又把耳巴子翻上去，把帽帶繫上，覺得既好看，又舒適，非常稱心。

哪知我一回家，媽媽老遠就發現我戴了一頂新棉帽，詳細地詢問了力資的收支情況以後，她深深地歎了一口氣說：「你這個娃子，怎麼這麼不懂事，俗話說，光頭赤腳，賽過吃藥，你們小娃子這個帽子是可買可不買的呀！你沒想過，這一塊六角多錢，還能稱十多斤鹽哩！」

母親的話雖然不多，但語重心長。她間接地告訴我們，成家立業，不能光貪圖享受，還要學會精打細算，勤儉節約。

我沉思良久，無不感到內疚和後悔。

・兩包香煙

一九五九年至一九六二年是興山縣歷史上罕見的災荒年。生活物資極爲匱乏，從糧、棉、油到煙、酒、糖等一切必需品，一律按計畫憑票供應。特別是肉、香煙和茶葉更屬緊俏物資，除公社以上的脫產幹部每月按計劃供應一點外，其餘的（公辦教師、醫生等）按季度或到年終才供應一點，民辦教師因屬農民身份，根本不在計畫之列。

有一次，我在界牌埡學輔區開會，聽到了一個奇聞，這次民辦教師也跟公辦教師一樣，每人供應兩包香煙，一打聽香煙是「金獎」牌的，每包二角四分錢。我身上只有三角三分錢，向王老師借了一角五分錢，高興地買回了兩包香煙。

在回家的路上，我摸著這兩包香煙，思索著：母親爲讓我讀書，不知挨了繼父多少打，受了多少罵，我終於參加工作了，這兩包煙是我參加工作後第一次享受到的特殊待遇，我要把這兩包香煙孝敬苦命的母親，作爲我的一丁點兒回報。她一定會很高興的。

回家後，當我把這兩包煙遞給母親時，怎麼也沒有想到，她流淚了。她歎息地說：「眞是天不生絕人之路哇，我總算望到這一天了！」意思是兒子參加工作開始有了點回報。過了一會兒，母親接著說：「我常年吸自家種的煙，一分錢也不花，何必出錢給我買煙呢？你的心意媽明白。你還記得嗎，去年你爲了讀書，星期日上山扯柴胡，準備湊學費。那知你狠心的繼父堅決反對你讀書求學，悄悄地把柴胡抱到界牌埡賣了四角多錢上了館子呀！後來，就是因爲沒湊齊那一塊二角錢的學雜費，加上家裏缺勞力，你就被迫失學了。你今天給我的這兩包煙，媽收下了！」

之後，我總在想，即將離世的母親爲什麼觸景生情要提到賣柴胡的事，無疑是在間接地教育我，讓我悟出求學的艱難和得到一份工作的珍貴啊！

這兩包香煙，直到母親病逝後，我清查她的遺物時才發現，媽的衣袋裏還剩下三支。

•一包麻醉藥

一九六〇年七月，學校放暑假以後，縣教育局通知全縣教師到縣城集中培訓。

當時因母親病重，我特地向領導告了假。學輔區負責人彭國漢考慮到我家的特殊情況，安排我在家一邊照護母親，一邊爲大會買菜，也免得母親爲我曠會而著急。

俗話說，急病求三醫。母親患的是蛔蟲症，只要一發作，就疼得在床上亂滾，從這頭爬到那頭，有時還在房屋的板壁上亂撞。狠心的繼父知道母親病重，故意長期不回家，以促使病人早死，他好與情婦名正言順地結婚。當時，弟、妹還小，裏裏外外全靠我一人。農村一無醫二無藥，加之身無分文，我心急如焚，但又束手無策。周圍一些好心人來看望母親時，說了一個偏方：用花椒樹根、桐樹根和細辛根煎水喝，可以治這種病。於是，我按照這個偏方，東挖西找，終於配齊了一包麻醉藥。果然，母親把這劑藥一喝下去，很快就止住了疼。這樣持續了兩天，疼痛基本上止住了，母親著急地說：「我這個病只要不疼了，就沒事了，你開會學習是大事呀！這樣天天守著我，不參加學習，下學期還有你教的書嗎？」既然這種藥還有效，能夠爲母親解除病痛，我又採了一些洗淨曬乾以作備用。

眞是忠孝不能兩全呀，我迫於生計，只得含淚告別母親，前往縣城去參加學習。學習期間，我雖然坐在大禮堂裏聽報告，或在會議室參加討論，但心中無時無刻不在思念著病重的母親。日有所思，夜有所夢，因思母心切，經常在睡夢中好像有大事臨頭，一個人站在空曠的野外，被哭叫聲驚醒……

天有不測風雲。七月初十下午二時許，我和柯玉培老師正準備離開住處去參加學習時，突然看見堂弟喬永厚慌慌張張地向我走來，他直截了當地告訴我母親病逝的噩耗。當時，像天塌下來一樣，我全身發抖，悲痛欲絕。我趕快向領導請假，一路小跑向家中奔去。在親友們的幫助下，把母親安葬了。

至今，我一想起那包難忘的麻醉藥，就令人心酸。因爲這劑偏方雖然緩解了母親的疼痛，但沒有醫治母親的病根，做兒子的也未能爲母親送終，成了終生無法彌補的遺憾。

音樂伴我度困境

難忘的一九六〇年七月，多病的母親不幸溘然長逝，狠心的繼父撒手逃之夭夭。昔日的一個家庭，僅留下我和十一歲的弟弟及不滿三歲的妹妹。一時間，家中哀聲四起，哭聲不斷，沉浸在一片淒慘、悲涼的氣氛中。

當時，不滿十九歲的我，是像繼父那樣，拋開弟妹不管，自己一人去謀生，還是三人相依爲命，重振家業；是成天唉聲歎氣，一蹶不振，還是樂觀向上，打造一番事業？這是擺在我面前的一個十分嚴峻的問題。

俗話說：人非草木，孰能無情。我思來想去，毅然選定了後者。

母親的去世，對我心靈的創傷太重了！爲了寄託我們的哀思，我用白紙寫了一副挽聯，貼在破舊的臥室裏。挽聯的上聯是：化悲痛爲力量繼承慈母遺志，下聯是：樹雄心立壯志重建幸福家園，以此來激勵鞭策自己。

冬去春來，在舉行母親去世一周年的祭祀活動時，我見到了久別的二舅。他寡言少語，消瘦的臉上布滿了皺紋，不時地唉聲歎氣，他衰老多了。一詢問，他老人家的處境也很不好。因家庭不睦，老倆口已離婚，一個唯一的親生女兒，叫余波，因無力撫養，隨母逃往他鄉。當時，因爲我思親心切，毅然決定接孤苦伶仃的二舅和我們在一起生活。一來，舅甥之間在精神上相互是個安慰，二來因爲我文化功底淺，可以拜他老人家爲師，增長一些知識，豈不是一舉兩得。二舅高興地應允了。

在二舅的關愛下，我看了不少古今中外的青少年成材的書籍。我從中領悟到，音樂可以給人以力量，知識可以改變人的命運，尤其是當一個人處於孤獨無援，貧困潦倒時，就顯得更爲重要了。

二舅的音樂理論造詣很深。他發現我有一些音樂天賦，尤其是對民間樂器很感興趣，所以對我學習音樂的輔導特別耐心。從簡譜的基礎知識到二胡、笛子、三弦等的原理及其演奏方法，他都手把手地教我。

教學、種地、做飯、洗衣服、帶弟妹上學，一天忙到晚，雖然很累，但是爲了尋求精神安慰，同自己的命運抗爭，每天晚上我都要拿起心愛的二胡，咯咯呀呀地拉上幾曲。記得一個夏天的夜晚，我把弟妹都安排睡覺了，一個人坐在院子裏的月光下學二胡，反覆地拉〈東方紅〉和〈三大紀律、八項注意〉曲子，因爲入了迷，直到身上感覺有了幾份寒意，才知道天已快亮了。

有一年秋天，正是新糧登場的時候，有些小偷想盜竊集體的包穀，生產隊長派我和另外幾個青年去田裏值班守包穀，當時正是我學笛子興趣甚濃的時候。一個青年建議說：「莊屋坡那個地方很孤單，經常聽見鬼吼，很害怕，你把笛子帶上，在坡裏吹一吹，一來可以壯膽，二來免得打瞌睡。」我照他說的辦了。一整夜，我們值班的三個人吹著笛子，哼著山歌，從這個田邊走到那個山頭。當時覺得很開心。哪知道第二天生產隊長不僅不給我們記工分，每人還倒扣了十個工分。當時對這個懲罰我們很不理解。後來才知道，像我們這樣吹著笛子守包穀，恰好給小偷發出了一個很好的信號，他可以大著膽子作案。我們才恍然大悟。

由於二舅對我學樂器輔導得法，我的二胡、笛子演奏技術提高很快。在學校上音樂課時，二胡、笛子成了我最好的教具。下隊搞文藝演出時，樂器也成了我如意的幫手；特別是有時在找調皮學生談話時，開始讓他靜靜地聽我演奏幾曲後，再指出他的不足。學生認爲，老師能以情（琴）感人，沒有任何壓力，又能以理服人，教育效果很好。所以，在我幾十年的教學生涯中，很多學生反映：「不知是什麼原因，我們既怕喬老師，又喜歡他。」

一九六六年秋，一場史無前例的文化大革命爆發了。這一運動，無疑對我們這些所謂出身不好的人可說是一場滅頂之災。運動開始時，我們村裏的一些紅衛兵，穿著黃軍裝，戴著紅袖章，背著毛主席語錄包，耀武揚威。今天在這裏破「四舊」，砸圓門，燒古書；明天在那裏揪鬥「走資派」（即走資本主義道路的當權派）。我們生產隊當時還流傳過這樣的造反口號：「炮轟王縣長（原生產隊王會計的綽號），火燒喬恆昌（原生產隊長），刀砍斧辟蘇閆王（生產大隊隊長），一齊掃零光。」在一次全村批鬥大隊幹部的群眾大會上，有一個造反司令部的司令×××質問蘇大隊長：「蘇家秀，你們培養的是些什麼人（意思是指我們）？以前他們的老輩子吃剝削飯，現在他們仍然吃輕鬆飯，你們的階級立場到哪裏去了？是不是想翻天！」等等。一度我有校不能歸，有書不能教，甚至有時連開會就不讓我們這些人參加。

面對如此景況，在心情異常苦悶的情況下，我經常提醒自己：黨的政策是英明的，我的表現好壞，群眾的眼睛是雪亮的，我自己相信，我絕對不是人民的敵人，千萬不能尋短見。

恰好，天不生絕人之路。生產隊爲了配合宣傳毛澤東思想，決定組織一個民間圍鼓班子。他們選來選去，還是選定了我學吹嗩吶，認爲比較合適。當時，我爲了儘快使自己從苦悶中解脫出來，滿口答應了。

說起學圍鼓，也是一言難盡。學習期間，正是數九寒冬，沒有師傅，我們從十幾里以外的岩屋塝、黃家槽請來了幾位老藝人；沒有拜師、謝師錢，我們就湊分分錢；沒有燃料取暖，我們到雪山上刨柴；沒有生活費，我們就輪流供飯。眞是苦中有樂啊！

學吹高八度的八音嗩吶，對我來說，確實難度很大，好在二舅又成了我的良師益友。他不厭其煩地按照師傅教給的調子，把它一句句譜成曲譜，我按照曲譜再練習吹奏。曾有段時間，我學圍鼓、吹嗩吶簡直入了迷，經常在睡夢中的答的答地手舞足蹈，多次被妻子把我叫醒。

經過一周時間的勤學苦練，基本上學會了什麼「王大嫂」、「張先生教學」、「小四平」等二十多支調子。別看這點薄藝，當時在農村可吃香啦！不是張家的兒子結婚，就是李家建新房上大樑，送新兵入伍等等，都要請我們圍鼓班子去演奏幾曲，湊湊熱鬧。文革中開展的一些政治活動，如頒發毛主席語錄，參觀白求恩展覽，召開活學活用毛主席著作講用會等，造反派頭頭也顧不得什麼內部人、外部人了，也把我們樂隊請去，爲他們增光添彩。一些所謂的批鬥對象，漸漸地成了他們的「常客」和「朋友」。可見，藝術的魅力，既可以緩和人與人之間的關係，還可以改變一個人暫時的、所謂的政治命運。

回首思顧，我在這幾十年的人生道路上，特別是在那艱難困苦的歲月裏，雖然有風有險，有苦有淚，但也有樂有甜。逆境，對一個人來說，雖然是壞事，但也是好事，因爲它可以磨煉你的意志，喚起你的自尊。增添你戰勝困難的力量。

陽光總在風雨後。由於黨的政策好，我的晚年是幸福的，按照人生「三樂」之古訓（即：知足常樂，助人爲樂，自得其樂，）我知足了！所以我退休之後，常在酒後肴餘，仍拿起我心愛的夥伴——二胡，演奏幾首什麼〈敖包相會〉、〈毛主席窗前一盞燈〉、〈草原上的紅衛兵〉、〈逛新城〉等歌曲，不僅勾起了我對許多往事的回憶，同時也使我增添了不少生命之活力！我也經常站在清澈的香溪河畔，仰望巍峨的雞公山，默誦著《三國演義》中的開篇名句：滾滾長江東逝水，浪花淘盡英雄，是非成敗轉頭空，青山依舊在，幾度夕陽紅……

非親勝親

母親去世以後，我與幼小的弟妹相依爲命。一年到頭，我除了擔任繁重的教學任務以外，還要在家裏開荒種地，上山打柴，整米磨麵，洗補衣裳，管護弟妹。當時是多麼盼望有一個賢慧的老人來助我一臂之力喲！

說來也巧。我在孤獨無援、心中極度苦悶的時候，曾在興山城關一個算命先生那裏抽了一個籤。記得上面有這樣幾句話：時來恰好有人助，任君所爲不犯難，行人來早。這個「行人」是誰呢？我拿著籤思來想去，心裏總是半信半疑。

農曆七月十八日是我喬家繼祖母方（代珍）婆婆的七十歲生日。她雖然與我非親非故，但由於她老人家爲人善良，德高望重，我從內心裏很敬佩這位老人，所以她生日那天，我特意帶著壽麵和雞蛋去爲她老人家祝壽。席間，我向她詳細訴說了母親去世以後家裏的一些困難。她的眼睛濕潤了。我臨走時她對我說了兩句話：

「人啦！要窮不滅志，富不顛狂。」意思是教育我在困難的時候不能喪失信心，應該鼓足勇氣，教好學，理好家。她老人家的話語重心長，時刻在我腦海裏盤旋。

打那以後，她經常到我們家裏來觀察我們三兄妹的生活情況，有時她看到我忙不過來，還親自為我們做飯、洗衣服、打掃屋子。老人的舉動使我深受感動。所以平時我只要有空也主動去幫她砍柴，挖田，背糞等。久而久之，婆孫之間的感情逐漸加深了。回顧在她老人家離世前的七年時間裏，無論是在思想上，還是在生活上對我們的關愛真是不勝枚舉。特別是兩件往事使我終生難忘。

・操辦婚事

一九六一年，經姐姐嚴永英介紹，我認識了農村女青年胡瑞珍。經過一段時間的交往，彼此有了較多的瞭解，她和我一樣也有不幸的遭遇，生父早逝，常遭繼父的打罵。她勤勞、能幹、樸實、有教養，對人熱情，會操持家務，是一個優秀的農村姑娘。她也很喜歡我，於是，我決定與胡瑞珍結為終身伴侶。

當時一個父母早逝，無依無靠的我，加之正處於三年自然災害困難時期，在每人每天只有四兩糧食，每人每年僅發一尺六寸布票的情況下，想操辦一場像樣的婚事是相當困難的。在我一人獨自納悶的時候，方婆婆特意來到我家。舉目一望，大的大，小的小，一間半舊屋早已破爛不堪。她深深地歎了一口氣，關切地問我：「永海，你的婚事是怎麼打算的？」我回答說：「婆婆啊，命不由己呀！像我現在這個條件，還能講什麼體面，到時候拿個結婚證就算了，目的是早點成個家，把弟妹帶大！」她深思了一會兒，說：「結婚是人一輩子的終身大事，人爭一口氣，佛爭一杜香嘛！哪怕母親不在了，也應該把婚事辦得像個樣子。沒有房子，你們可以搬到我那裏去住；沒有接『新人』的衣服，我們來想辦法湊幾套衣服；沒有糧食，我家裏還有些存糧，萬一不夠再找親戚朋友借一點。（記得姐姐還給我借了一斗小穀和一件衣料）什麼事都是事在人爲。我雖然老了，但手裏過的事多，怕什麼！」

方婆婆的一席話，的確使我出乎意料，我感動了！

婚期定在臘月二十四日，正是嚴冬季節。屈指一算，僅有二十二天的籌備時間。七十高齡、滿頭銀髮的方婆婆，思維敏捷，指揮若定。爲給我辦婚事，十幾個日日夜夜，她沒有睡過一個安穩覺，沒有吃過一頓自在飯。她拖著消瘦的身子，一拐一拐地（因爲她是雙小腳）走東家串西家，幫我借布票、糧食和一些婚禮所需的物資。有時她還親自帶我到雪山上砍柴，到雪地裏挖菜，忙得不亦樂乎。

她老人家的感人行爲，不僅使我過意不去，連左鄰右舍的人（包括一些嫉妒者）都感到不可思議！有人曾問她：「喬永海又不是你的親孫子，對他這樣貼心，這是何苦呢？」她理直氣壯地回答：「人啦，認不到字不要緊，怕的是認不到人（此話是有針對性的）。永海這娃子忠實可靠，不是忘恩負義的人，我信得過他。」一番話，說得個別討好賣乖的人無言以對。

經過二十多天的精心籌備，舉行婚禮那天，陽光明媚，屋裏屋外，窗明几淨，張燈結綵，遠近的親朋約八百多人，分別組成十二個恭賀班子前來祝賀。更爲新奇的是，曾在當地早已廢除的用花轎接新娘的習俗又開始興起來了。一時間，鞭炮聲、嗩吶聲、長號聲、談笑聲響徹一片。方婆婆高興得嘴也合不上。

別開生面的婚禮辦得如此隆重、熱烈，在當地傳爲佳話。

• 兩元錢

一九六二年十月二十四日，風雨交加，我的兒子降世了。方婆婆和我們一樣無不喜出望外，不知是她早有所思，還是觸景生情，當時脫口而出給兒子起了一個乳名——長根。其意是祝願孩子健康成長，長命百歲。我欣然同意了。

從此，家中有了第四代人。無疑對這個一生沒有親生骨肉的方婆婆來說，這個重孫子不僅成了她的掌上明珠，更成了她的天倫之樂！方婆婆一生生活都比較節儉，平時捨不得吃，捨不得穿，可是只要是重孫子成長需要的，她總是毫不吝惜。特別是當孩子漸漸長大，並能親切地叫她一聲「太太」時，她更是喜上眉梢，對孩子疼愛不已。三年困難時期的肉啦、魚啦、蛋啦是非常珍貴的，她寧可自己少吃、也要給重孫子吃，有時在別人家做客得到的幾顆糖果，她也不忘記帶回家遞給重孫子。

因爲孩子在母腹中營養不良，一出生就經常患病，有時還病得很厲害。全家人無不爲之提心吊膽。多少次爲給孩子請醫弄藥，一天要跑幾十里路，僅能吃一頓飯；多少次爲給孩子買一點不要計劃的營養品，一排隊就是大半天。有一年大年三十爲了請醫生搶救孩子的生命，我們是在醫生家裏度過的。

有一次，孩子因高燒引起肺炎，面色蒼白，兩個鼻翼不住地閃動，四肢冰涼，雙眼緊閉，生命危在旦夕。我因工作不在家，胡瑞珍身無半文，急得嚎啕大哭。方婆婆流著淚說：「俗話說，死馬當作活馬醫，沒有錢，我身上還有兩塊錢，你（指胡）拿去趕快找醫生。」

眞是人逢機遇巧，藥吃有緣人。醫院一直脫銷的犀角、羚羊和牛黃丸這三味藥到貨了，加上中西結合治療，孩子很快轉危爲安。

俗話說：一斗米的仇人，一碗米的恩人。方婆婆在那危急時刻慷慨解囊的何止是「兩塊錢」，她奉獻的是一顆眞摯的愛心啊！其精神怎能叫人忘懷。

人非草木，孰能無情。隨著歲月的流逝，方婆婆漸漸衰老了。後來她生活完全不能自理了。特別是在她臨終前的病重期間，我們全家沒有讓她老人家因無兒無女而擔憂；因無依無靠而失望。無論是請醫買藥，還是端湯餵水，全家人三天三夜守護在她床前。說來也巧，最終還是她剛滿三歲的重孫子——長根看著她老人家安詳地閉上了雙眼……

一九六五年臘月二十二日，方婆婆與世長辭了。我們按照當地對已故老人厚葬的習俗，爲她操辦了喪事。遠近六七百人前來爲其弔孝。出殯那天，大雪紛飛，我作爲她的重孝，舉著花圈，虔誠地跪在雪路上爲她老人家送行。送葬的人無不爲之感動。

爲了表示我們全家對這位慈善老人的敬意和懷念，特意爲她立了一塊石碑，並贈給她一副挽聯：祖母永別千載去，兒孫淚灑幾時乾。橫批是：非親勝親。

千里尋父

我的繼父喬會昌（原名王世會）原籍秭歸，身材較高，小學文化程度，雖然說話有些口吃，但社交能力比較強。解放以後，因家庭出身貧寒，曾在興山水磨溪一帶擔任過村、組幹部，在地方小有名氣。

一九六〇年七月，我的母親病逝以後，繼父匆忙地辦完了喪事，不到三天時間，就迫不急待地背著一個不滿周歲的小女兒（乳名叫小么娃子），離家出走，另覓新歡。

一個破碎的家庭，只好由我（不滿十九歲）帶著一個弟弟（永強）和一個妹妹（乳名叫大么娃子）支撐著。

時隔約一個月左右，時任大隊會計的繼父就與蘇家院子一寡婦勾搭成婚。

結婚時，按照當地習俗，必須親朋團聚，爲其祝賀。我同二舅余明英商量，爲了為可憐的小么妹能得到一些生活上的照顧，保住這條弱小的性命，即使含悲忍淚也要去參加他們的婚禮。

結婚那天，我們三姊妹和二舅一同去參加祝賀時，贈送的禮品是一副較精緻的掛對，此聯由二舅根據繼父的名字「惠昌」二字撰稿，我執筆書寫。上聯是：惠我春風煥然新；下聯為昌盛家園扶嬰樂，此聯的內容，顯而易見，無不寓意於嘲諷和激勵。

一向好逸惡勞的繼父，再婚以後，為了討得後母的愉悅，利用大隊會計手中的權力，竟不擇手段，肆意揮霍集體的公款，蓋房屋，置傢俱，購衣物……在很短時間內，一個昔日的貧困戶，轉眼成了遠近聞名的殷實戶，周圍的知情者，無不看在眼裏，恨在心頭。

但怎麼也未想到，在繼父結婚不到一個月裏，大人們的花天酒地，卻對一個無娘的女兒於不顧，哪裏經得起突然斷奶後，饑病交加的折磨和後母的悉心「照顧」，居然在一天夜裏，緊捏小拳頭，閉上了雙眼……

怎麼也未想到，一個不滿三歲的妹妹（喬永鳳）見小妹妹已經夭折，幾次去投奔這個有錢有勢的親生父親，乞討幾件換洗的衣服，可是得到的是狠心的後娘無情的咒罵和棍棒……

無奈之下，我只好含淚背著妹妹去學校教書，直到長大成人，儘管跟著我吃了不少苦，總算逃出了一條性命。什麼叫父愛，她從來未曾感受過。

怎麼也未想到，我與瑞珍一九六一年臘月結婚時，繼父夫婦給我們送來的婚禮竟是十幾斤豆腐和一筐蘿蔔，以酬謝我這個特殊的保姆哥哥對其女兒的養育之恩。

俗話說：善有善報，惡有惡報。一九六三年一場聲勢浩大的農村「四清」運動開始了。繼父理所當然的成了重點清理對象。省工作隊經過四個多月的內查外調，終於查清了繼父採用瞞報收入、塗改單據、虛列支出和錢物互沖等卑劣手段貪污集體公款兩千四百多元，（當時社員的日工分值爲三角二分），決定依法對繼父就地逮捕，被判刑勞改三年。

度日如年的三年牢獄生活，總算熬出了頭。年愈花甲的繼父，早已白髮蒼蒼，疾病纏身，瘦骨嶙峋。迫於無奈，只好硬著頭皮回到家裏。目睹家境，一片狼藉，昔日的甜言蜜語，今日成了厲聲咒罵；過去的花天酒地，現在變成了白菜清湯，加之屋穿鍋漏，實爲朝暮難過啊！

有一個星期天，下著大雨，我在家老遠就看見繼父光著頭，驚慌失措地向我家走來，後來據說是兩口子在家打了架，女方提出要離婚，來向我傾訴苦衷的。哪知後母頭上頂著一條舊毛巾，手裏拄著一根木棍子，氣勢洶洶地從後面追來，並邊走邊罵。繼父見勢不妙，只好從我家的後門上悄悄地聞風而逃。從此，繼父就這樣被迫離開了家鄉。

一九七二年冬，忽然從神農架傳來噩耗，繼父因病死於神農架林區宋洛河一個瓦場，要家裏速去人搬運屍體，處理後事。

噩耗傳來，怎麼也沒有想到的是，儘管事到如今，狠心的後母仍喋喋不休地罵道：「喬會昌，你這個死不歸家的東西，眞把老娘害苦了啊！隨他溝死溝埋，路死路埋，叫老娘有什麼辦法呀……」

我在這不堪入耳的罵聲中，佇立沉思：俗話說，繼拜三年成古親，繼父雖然生前對我的母親和我們姊妹如此絕情，但他畢竟是我的長輩。難道眞的讓他屍拋荒野，豬扯狗拉嗎？不能，絕對不能！俗話說，生不記死仇，我一定要以一個孝子的身份，去處理好這件事。

於是，當晚，我與瑞珍商量，湊了些糧票、現金和乾糧，請當地一個熟悉神農架的袁裕家當嚮導，每人還備了幾雙新草鞋，帶著弟弟永強，三人一同趕赴出事現場。

數九隆冬，天寒地凍。次日淩晨，當我們三個人氣喘吁吁地跑到界牌埡準備趕班車上榛子嶺時，一打聽，因大雪封山，班車早已停開了。得知這一消息後，袁裕家焦急地說：「從我們這裏到林區宋洛河，大約有四百多里路，要是趕不到車，全靠步行的話，加上冰天雪地，至少要四天時間才能趕到，人還要吃大虧。」我們幾個人正在犯愁時，忽然聽見遠處傳來汽車的馬達聲。不一會兒，從縣城方向來了一輛帶有防滑鏈條的大貨車。我們急中生智，三個人並排站在公路中間，促使司機停車。司機姓王，說話是三陽一帶的口音，準備去榛子拉木料。我上前向王師傅說明要速去神農架處理喪事的特殊情況後，王師傅感動了，連忙把手一揮——叫我們上「二樓」。為了抵禦寒風，三個人只好咬緊牙關，背靠背地蹲在車廂裏。

刺骨的寒風發出「嗚嗚」的尖叫聲，鵝毛般的大雪像篩糠一樣下個不停。車上的雨刷，早已成了冰棍棍，積雪堆滿了車窗外的玻璃，擋住了司機的視線。車子還未爬上興保公路（興山至保康的公路）的至高點——大水坑，就被迫拋錨了。

在這前不著村後不著店的途中，我們踏著沒膝的積雪步行了十多里路，又冷又餓，實在走不動了，好不容易找到公路邊一家姓金的農戶。熊熊的圪瘩火，滾燙的白開水，救了我們的大駕，房東僅收了一元二角錢。

次日，我們從大水坑出發，途經張官店，爬上榛子嶺，越過板廟埡，到天黑時，終於到了興山與保康的交界處——白龍潭。這裏是公路的盡頭，我們找了一家農戶借宿。

第三天，天開始放晴了，我們直奔騾馬店子，沿途是茫茫的林海雪原，幾十里荒無人煙，是老虎出沒的地方。雪地上印著一個個清晰的野獸腳印。走了一段路，沿著一條溝（即香溪河的發源地）下去，到達了神農架的唐紮營（曾經是唐朝薛丁山的軍隊駐紮過的地方），這裏有幾戶人家。天寒地凍，路上沒有行人。經向農戶打聽，還要翻過煙燈埡（即興山、房縣、保康三縣交界之地），再往下走就是保康縣的冷盤埡、神農架的黃土坪。我們按照老鄉指的路線，經過艱苦跋涉，天黑時才到達神農架的陽日灣。我們摸黑跨過陽日灣鋼絲吊橋，橋下惡浪翻滾，橋身不住地搖搖晃晃，個個提心吊膽，至今回想起當時的情景，仍不寒而慄。

陽日灣是個小集鎮，依山傍水，海拔較低，氣候溫和，只有一層薄薄的積雪。這裏人很和善。我們找了一家客棧，一邊烤饃饃吃，一邊議論著第二天到達現場後的悲涼情景：人已死這麼多天了，屍體會放在什麼地方？有沒有人守護？該不會被野獸拖走吧！如果真要把屍體搬回興山，我們三個人該如何處理……

眞是越想越使人膽怯，越議越叫人害怕！

經打聽，從陽日灣到宋洛河，還有一百多里路。當時從陽日灣到松柏鎮已通公路，只有二十三公里，但只有一輛嘎斯小貨車，據說是用木船從保康縣拉進去的。這輛車不載客。次日，我們從陽日灣沿公路步行到松柏鎮（神農架林區的在建首府），再步行到盤水河，又從左邊翻過一座大山，涉過一條河，來到兩河口，再逆河而上，又走了十多里路才到達宋洛河。一打聽，瓦場辦在一片大森林中間，樹多人少，一片荒涼。我們到一家農戶打早夥（吃早飯），一進門，目睹的情況是這樣的：這家共七口人，其中五個孩子（最大的十歲左右），住著一間茅草屋，屋中生著一壟大火，我們剛一坐下，那五個孩子就赤身裸體陸陸續續地跑出來，圍坐到火壟坎上。一會兒一個婦女（孩子的媽媽）端了一簸箕洋芋，朝火壟裏一倒，把火灰扒了幾下。過了一會兒，孩子們就用小木棒在火壟裏刨洋芋吃，這就是開早飯，孩子們渾身上下都糊滿了灰，誰也認不出是誰了。

早餐過後，我們繼續向森林走去。未走多遠，就到了宋洛河瓦場。幾間用茅草蓋的工棚，屋頂殘存著積雪，四周是用木條和泥巴築成的牆壁，屋內是用木板鋪成的樓，到處四穿八漏，是做瓦工人睡覺的地方。據說，我的繼父就是在這個破樓上斷氣的……

當時接待我們的是一個姓李的場長，他慢吞吞地用房縣一帶的口音向我們說道：「給娘的娃兒的，老喬命苦啊，他死了以後，我們派人在棚裏守了兩夜，仍未見來人。我們只好昨天早晨才把他埋（求）了。」他一邊說，一邊把我們帶到埋葬繼父的地方。

墳墓的上面是一大片莊稼地，下邊是幾十米高的懸崖絕壁，山下清泉環繞，綠樹鬱鬱蔥蔥，墳向座北朝南，墓基十分穩固。

我們和場裏的幾個工人一起，搬來石頭，壘了一個墳頭，並按照當地的習俗，舉行了簡單的祭祀儀式。直到夕陽西下，夜幕降臨時，我們才含淚告別這座孤墳，踏上返家的旅程。

從此，每逢清明、月半節，我們都要爲繼父「捎去」一俱袱財，以示懷念之情。

一句話了事的故事

二十世紀六〇年代中期，我的家又從柯家嶺遷到了喬家灣子。當時，政府爲了解決廣大農民的饑餓問題，放寬了政策，允許農民在房前屋後、田邊地角開荒種地，名曰見縫插針。

一向勤勞儉樸的瑞珍，好不高興，立即行動起來，利用早晚工挖了一些零星空地，種上了紅苕、洋芋、南瓜、白菜和一些糧食作物。一到秋收季節，眞叫叫花子殺年豬——樣樣都有點。由於我家的生活有了明顯改善，因而引起了鄰居某些人的嫉妒和仇視，尤其是一個家族的長者更是恨之入骨。不是今天說這塊墳園是他的，要收回，就是明天說那棵樹不是你的。和他連界的園田，明明是直邊直界，他總要故意用鋤頭挖一條「C」形的溝，把別人田的土扒過去擴大他的土地面積。有時甚至把瑞珍已栽好的幼苗強行毀掉，歸他所種。在忍無可忍的情況下，瑞珍經常到學校找我訴說這些苦衷，我只好用一些鞏固集體經濟的大道理和讓人三分的小比方勸說她。她儘管心裏不服，只好夫唱婦隨，寬宏大量作罷。

農村有句俗話：雞不和狗鬥，男不和女鬥。久而久之，那位長者也意識到自己經常和一個婦道人家爭這爭那，吵吵鬧鬧，不能解決什麼問題，還是要找當家人較量較量，以解心頭之恨。

我屋後有一大塊竹園，生長茂盛，每年可以打好幾床涼席。長者認爲這是塊「肥肉」，企圖串通幹部找個歪歪理由把它占爲己有。他早就心懷鬼胎，我也早有防備。

一個星期日，霧氣騰騰，天下著大雨。長者曉得我回家了。天還未大亮就戴著斗笠，披著蓑衣出門了。不一會兒，氣喘吁吁地把大隊書記萬能品找來了。一問，我還未起床，他連忙叫瑞珍把我從床上喊起來，說萬書記來了，有話要說。原來萬書記和長者早已站在我門口等候。

雨越下越大，長者卻不辭勞苦地把萬書記和我帶到屋後竹園旁，冒著大雨，時而竄到竹園裏，時而爬到山坡上，指手畫腳，氣勢洶洶地說什麼這裏應該齊堂屋中直下，那裏應該齊屋山尖斜上，竹園從那裏到那裏應該是他的……全身的衣服都被雨水淋濕透了。萬書記轉過身來，問我：「這該怎麼處理？」我爽朗地一笑，大聲說：「感謝萬書記發駕，這都是鬍子上的飯，小事一樁，他說界址齊那裏就齊那裏！」說完我就大步流星地回到了屋裏。萬書記聽完我的話，暗笑著直搖頭。意思是萬萬沒有想到我會如此高風亮節，不屑一顧。

長者也一聲不吭地回到了自己屋裏。

事後，萬書記經常在會上以這個不用調解的民事糾紛來啓發廣大村民。他說：「爲人處世，爭小利則大事不成，爭的沒有掙的多，要克服小農經濟思想，減少一些不必要的糾紛，團結一致向前看。」

隨著時光的流逝，這位長者早已離開人間，我也早已離開老家，搬進了小鎮上的新居。喬家灣子的竹園，早已移宮換羽，變成了另外一番景象。

讀「紅寶書」的故事

二十世紀六〇年代末，正是全國上下掀起學習貫徹「讀毛主席的書，聽毛主席的話，照毛主席的指示辦事，做毛主席的好戰士。」的「偉大指示」熱潮的高峰時期。上至領導幹部，下至平民百姓，無論你文化程度高，還是一字不識，都要讀毛主席的「紅寶書」，否則就是對毛主席不忠。龍池一位姓吳的老人說萬歲不離口，語錄不離手的林彪是一個奸臣相，結果被判刑勞改三年。

爲了把大學毛澤東思想的活動落實到千家萬戶，做到家喻戶曉，人人明白，公社還專門派出了毛澤東思想宣傳隊，深入到各家各戶，教讀《毛主席語錄》，定期組織學習《毛主席語錄》輔導課和活學活用毛主席著作講用會。

一天，有一個政治輔導員到一個農戶教一個一字不識的姓田的中年婦女（大家都稱她爲田嫂）讀毛主席語錄，「人總是要死的，但死的意義有不同……」時，輔導員要求，他領讀一句，田嫂跟著讀一句，讀熟了再背，才不會扣工分。輔導員開始教第一句「人總是要死的」，田嫂讀「你個要死的」，輔導員見她繞不過彎彎兒來，就耐心地一個字一個字地教，田嫂身在曹營心在漢，對輔導員說：「蔣同志，你快點教，我還要找豬草呢！教慢了我心裏著急。」蔣接著又教了若干遍「人總是要死的」，她還是說「你個要死的」，蔣只好甘拜下風。

在大隊輔導學習毛主席著作的碰頭會上，大家你一言、我一語，還列舉了很多農民因不識字鬧出的笑話。如有一個姓朱的生產隊長，在群眾會上講話時說，「有些年輕人，學了毛主席的書，不當回事，作風不正，還在亂搞娘的關係（意思是男女關係）；有的人無聊，夜晚悄悄地偷集體蓋秧的BOBO（薄膜）等等。大家通過分析，一致認爲，這些農民雖然沒有文化，但是對毛主席的感情還是很深的。我們要想方設法讓他們通過對《毛主席語錄》的讀、聽、議等形式以達到進一步調動大家對毛主席的思想感情，爭做毛主席的好學生，這樣才能收到「立竿見影」的效果。

於是，大隊組織了一次學習毛主席〈爲人民服務〉一文的輔導課。推選一個僅讀過幾天私塾的幹部擔任輔導員負責主講。

爲了「抓革命，促生產」，輔導課定在晚上舉行。

夜幕降臨，有的提著馬燈，有的舉著火把、有的打著電筒，從四面八方來到了大隊部。

按照當時的慣例，輔導課由文革造反司令部一副司令主持。他首先帶頭肅立，面向毛主席的畫像，手持《毛主席語錄》本，引導大家一齊念道：「敬祝毛主席萬壽無疆！萬壽無疆！敬祝林副主席身體健康，永遠健康！永遠健康！」接著，大聲說道：「最高指示毛主席教導我們說，學習的敵人是自己的滿足，要認眞學到一點東西，必須從不自滿開始，對自己學而不厭，對別人「每」（誨）人不倦。下面請輔導員開始講課。」

輔導員手持小木棒，十分嚴肅地走上講臺。首先將事先準備好的一塊小黑板掛在牆上，上面寫著「最高指示：我們的共產黨和共產黨所領導的八路軍、新四軍是革命的隊伍。我們這個隊伍完全是爲著解放人民的，是徹底地爲人民的利益工作的。」

首先由輔導員指著黑板上的字領讀三遍以後，簡單地介紹了毛主席撰寫〈爲人民服務〉這篇文章的時間和戰士張思德在山上燒炭不幸犧牲的情況後，接著問大家：「你們看，這條毛主席語錄寫了幾個共產黨啊？」大家齊聲回答：「兩個！」「對！我們的共產黨和共產黨……這是什麼意思呢？可能有些人還不知道。我們國家在很久以前，有兩個共產黨，一個共產黨人數比較多，力量大；另一個共產黨人數少，力量弱，他們互相經過長期的鬥爭，現在的共產黨把原來的共產黨打垮了，是偉大領袖毛主席領導的共產黨，帶領八路軍、新四軍，用小米加步槍，打跨了蔣介石八百萬軍隊，解放了全中國，才過上了今天的幸福生活，我們永遠也不能忘記毛主席和共產黨對我們的恩情啊！」聽課的人，有的頻頻點頭，有的默默不語，有的暗暗好笑……

稍停片刻，輔導員又指著黑板上打波浪線的「完全」和「徹底」兩個詞問大家：「我們農民應該怎麼做到完全、徹底爲人民服務呢？」有的說，要好好讀毛主席的書，聽毛主席的話；有的說，不准地、富、反、壞、右分子亂說亂動；有的說，要鞏固集體經濟，種好田，多打糧食，支援國家建設等等。輔導員對大家的發言給予了充分的肯定。最後說：「大家知道，我的文化水準不高，講得不好，請大家原諒！」

輔導課在下定決心，不怕犧牲，排除萬難去爭取勝利的毛主席語錄歌聲中結束。

這個小故事，雖然時過境遷，但是，它生動地說明革命導師列寧的一個文盲充斥的國家是不能建設社會主義的論斷是千眞萬確的。

鐵心建校

在那吃飯要糧票，穿衣要布票，稱鹽要鹽票，甚至連買包火柴也要票的艱苦年代裏，農村學校的辦學條件，更是「馬尾拴豆腐——提不得」。當時的校舍大部分是利用破廟或借用老百姓的民房，而且很不穩定。我剛參加教育工作時，做的第一件事就是騰老百姓的牛欄做辦公室。後來，不到三年時間先後遷了四次校。我們多麼渴望有一所自己像樣的學校啊！

盼啊，盼啊！終於盼到了一九六六年秋，上級開恩了，撥了一千元錢，要求我們在紅岩、仙侶兩村的交界處建一所完全小學。並指定由我主管學校修建。

俗話說，起屋造船，晝夜不眠。學校搞修建，可說是白手起家，其辛苦程度更是不言而喻了。我接任的第一天，就碰到了一個十分棘手的難題——建房的木料要到六十多公里以外的榛子去採購、搬運；石料要到五公里以外的田家嶺去背。當時，我心裏確實涼了半截。主管學校的大隊幹部劉德中看出了我的心事，風趣地說：「喬老師，俗話說，變了泥鰍就不怕糊眼睛，既然領導要我們搞這個差事，就是春鐵，我們也要把這棟房子建起來！」我會心地笑了。

數九寒冬，到處是冰天雪地。當時開往榛子唯一的小客車，因路面封凍，早已停開了。為了贏得進九以後伐木不裂口的寶貴時間，我和老劉同志毅然穿著對耳子草鞋（防滑），帶著乾糧，頂風冒雪步行北上。經過兩天的艱苦跋涉，終於到達了海拔二千多米的大水坑（地名）。一打聽，公路沿線的木材一是管得相當嚴，二是成材樹早已砍光了。當時要想買廉價木料，只有到山大人稀、交通閉塞的地方較有把握。於是，我們每人又買了一雙新草鞋穿上，回頭南下。一陣陣凜冽的寒風夾雜著小雪花送我們翻過四道山梁，越過三條深溝，才到達目的地——郭家山。一看，此山眞是名不虛傳，其陡峭艱險程度，不亞於《林海雪原》中的威虎山。山大林密，陰森可怕。山上除了偶爾看到幾隻野猴在樹枝上蹦來蹦去，嬉戲打鬧外，根本不見人的蹤跡。

說來也怪，我和老劉在林子裏竄了一會後，忽然發現林中一塊田邊有一間破爛不堪的房屋，四周雜草叢生，屋內有生過火住過人的痕跡。我們到附近一打聽，原來是一個姓牛的老闆住過的房子。牛老闆死後，前不久才從這間屋裏抬出去。從此這戶人家一直鬧鬼，被迫搬到別的地方去了。後來，我和伐木隊的七個工人，爲了避風擋雪，就只好住在這間屋子裏。

連續一個月零三天的深山伐木生活，至今使人難以忘記。我和工人們吃的是火炕子包穀飯和包兒菜，可說是清水淘青葉。喝的是山邊被各種樹葉浸泡過的泉水，又苦又澀。

把木料砍好後，集中架在空地上。次年夏天，我帶著一百多名農民工去搬運木料。開山、修路、改鋸、轉運木料，每天勞動十多個小時。特別是轉運木料，更是苦不堪言。從人跡罕至的郭家山，到建校工地約有五十多里路，全靠肩扛背馱。我同夥伴們一樣，堅持一天往返一趟。有一次，我們背木料剛走到半路上，忽然雷電交加，大雨傾盆。我穿的一雙草鞋早已磨成了幾條筋。只好打赤腳背著走。大雨過後的陡坡泥路，像抹了一層潤滑油似的，稍不小心就有摔跤的危險。爲了防止摔倒，我堅持用一雙腳的大姆指當鞋「釘」，緊緊扣住泥濘的陡坡路面，一步一溜地向前移動。偶爾回頭一望，溜過的腳爪子痕跡有的足有一尺多長。夥伴們開玩笑說：「喬老師走過的路，確像過了老虎一樣。」

俗話說：榜樣的力量是無窮的。大大小小三百八十多件木料，就這樣全靠人工一根一根、一塊一塊、一步一步地從五十里外的伐木地點搬到了建校工地——仙侶山！

建校的木料問題總算解決了，但搬運石料的任務更為艱巨——每一個石條均在二百七十斤以上，全靠人工揹運。當時，從生產隊挑選了十幾個「大力士」，哪知他們一進石場，目睹這一艱巨任務，有的搖頭，有的伸舌頭，有的在一旁嘀咕，有的竟悄悄地溜走了。我站在那裏沉思了一會，無外乎兩個原因：一是有的確實力氣單薄，背不動。二是學校付不起高工資，他們出力不討好。於是，我對力氣比我大的蘇宗禹使了個眼色，大聲說：「他們怕事，我們來背！」真是談何容易呀！一塊二百九十三斤重的石條一上肩，背子被壓得咯咯直響，剛一開步，腿子像篩糠一樣，大汗直冒。在場的人被感動了。有一個家長說：「老師為了我們的小娃子，能這樣不怕吃苦，我們還有什麼可說呢？大家上！」結果不到三天時間，十八個石條全部順利地搬運到位。

四十多年過去了，回首那一幕幕熱火朝天的建校場面，連我自己也不敢相信，當時那股子蠻勁是從哪裏來的？

建校的五十多個日日夜夜，我堅持吃住在工地。多次在漆黑夜晚，冒雨蓋牆，有時連棉襖就被雨水淋濕透了，但毫無怨言。爲了給學校節省開支，抽空餘時間，拜木工爲師，利用一些邊角廢料爲學校做水桶、紮椅子、做辦公桌等等。

一所新學校終於建成了，教學秩序迅速步入了正軌。可是，我由於過度勞累，積勞成疾，病倒了。一度上吐下瀉，高燒不退，多次休克。六十多歲的老隊長胡家金，忙著紮擔架，並親自把我抬回家治療。在我病重的一個多月裏，先後有二十多個區、社領導幹部、七十多個學生家長以及同事前來看望我，安慰我。年終學校評選我爲學習毛主席著作積極分子，光榮地出席了黃糧區活學活用毛主席著作經驗交流會，發給了我一本《毛主席語錄》和一個筆記本，當時就算是對我建校有功的最高獎賞了！

一包辣椒麵

位於仙侶山麓的仙侶中小學，經過十年文化大革命的「戰鬥洗禮」之後，終於恢復了正常的教學秩序。

全校兩百多個學生和十多個教職員工，經過一番整頓，漸漸形成了教師教書育人、學生認眞學習的良好校風。

學校領導胡振海老師是六〇年代的師範畢業生，博學多才，性格憨厚樸實，善於團結同志，說話輕言細語，工作一步一個腳印。老師們既喜歡他，也很尊重他。

三年自然災害後的農村中小學，雖然教師的物質生活有所改善，但由於受計劃經濟體制和國家經濟實力的制約，教師的口糧食油水準仍然很低，公辦教師每人每月二十七斤口糧，四兩菜油。民辦教師的生活水準就更不用提了。要改善學校食堂伙食，唯一的辦法就是自己動手，利用課餘時間開荒種地，以提高主食標準，增加蔬菜品種。

老師們在胡振海帶領下，利用早晚時間在水源較充足的沼澤地打水田，種上水稻；在坡地種上玉米和大豆；在土質較肥沃的平地種南瓜、茄子和辣椒等。由於精耕細作，莊稼和瓜菜長勢十分喜人。

正值穀黃米熟的八月——豐收在望的時候，胡老師突然接到上級通知，調到水磨溪小學工作。大家對這個作風正派、工作踏實的好領導依依不捨。個個無不爲他昔日辛勤勞動，但不能得到享受而感到遺憾。

轉眼，胡老師調離仙侶小學已經一個多月了，學校集體勞動的果實早已收穫完畢。大家你一言、我一語地議論著，用什麼方式來回報胡老師。有的說給他帶幾斤新米去，有的說給他帶一些蔬菜去，還有的說，乾脆把實物折成現金，給他帶錢去，意見不統一。時任學校負責人的余長斌老師說：「喬老師，還是你的點子多，你說怎麼辦最合適？」我說：「俗話說，千里送毫毛，禮輕情意重。我們給他送點小東西，既要使他得到實惠，又要隱而不露，多少有點幽默感。」大家贊同了我的想法。於是，我們找來一個漂亮的裝羽毛球的圓紙筒，裝了兩斤多十分精細的辣椒麵（是胡老師最喜愛的），密封後，貼上一些廢舊的郵票，好像一件郵寄的包裹。然後寫上收件人和寄件人的位址。爲了不暴露寄件人眞實地址，開了個小玩笑，將「仙侶小學」四個字分別改寫成一組地名：即「湘（因爲湖南人喜歡吃辣椒）人山（仙）縣，迭口（呂）區，三點子（小學）大隊寄。」包裹很快托人轉到了胡老師手中，他接過一看有些愕然了，但又不敢打開。該校的老師們也爲他收到一個來路不明的包裹而好奇。

一向憨厚樸實的胡老師，對這個莫名其妙的包裹，時而拿在手裏看看，時而躺在床上想想，百思不得其解。最後，只好戴上老花眼鏡，找來一張中華人民共和國地圖，反覆尋找湖南省的人山縣到底在哪裏，但怎麼也未找著。直到時隔半月之久，我們同在一起開會，有意地問起此事，胡老師才恍然大悟！

一包辣椒麵的故事，一度在界牌埡學輔區成爲笑柄，也從一個側面生動地反映了在那艱苦的歲月裏，農村教師之間的團結和友誼。

亦教亦農

一邊教書，一邊務農，是二十世紀五、六〇年代山區民辦教師的職業特點。其間，正是我從青年步入中年，由懵懂變爲理智的重要時期。

在那全國大辦鋼鐵，全民跑步進入共產主義，即農民吃飯不要錢，按月發工資（人平四元錢）的荒唐可笑的歲月裏，我作爲一個農村民辦教師，無一例外地要投身於這個鍾煉人的熔爐中。

正如有些人說的那樣，農家樂，農家樂，樂中有苦，苦中有樂。回顧學農務農的一些有趣往事，至今仍使我歷歷在目，記憶猶新。

・學唱農戲

農戲——薅草鑼鼓。據傳說，起源於秦朝末年，是農民聚眾做農活時，爲幹活的人消除疲勞，減少閒話，提高勞動效率而採取的一種娛樂方式。薅草鑼鼓，可根據幹活人數的多少分「單鑼鼓」（一鼓一鑼）、「夾鑼鼓」（一鼓兩鑼）、「雙鑼鼓」（兩鼓兩鑼）、「夾兼夾」（兩鼓四鑼）和「台鑼鼓」（四鼓八鑼）五種。鑼鼓的歌詞，分「花鑼鼓」和「傳（讀專）鼓」兩種。「花鑼鼓」以唱號子（五句子）和情歌爲主。如早晨來得早，露水打濕腰，情姐下田來，勸姐莫心焦。太陽當空過，姐在屋裏坐，望郎郎不來，心裏無焦過。郎在山上挖黃薑，姐在河下洗衣裳。挖一挖黃薑望一望姐，洗一洗衣裳望一望郎，棒槌捶在石板上。還有什麼「十夢」、「十勸」、「十二時」，「十杯酒」等等。男女青年一邊幹活一邊聽農戲，聽得津津有味，有的眉來眼去，有的會心地大笑，因而越幹越有勁。這樣的鑼鼓花樣較多，頗有趣味，但我愛聽不愛學，因爲我是教師，宣揚這些黃色的東西，總覺得不太合適。而「傳鼓」這種形式我比較喜歡。「傳鼓」，顧名思義，以古時候的傳書內容爲主，如《精忠傳》、《說唐演義》等。演唱的人，將傳書中的故事情節，隨口便答地編成「五字句」或「七字句」敘事詩歌，邊打邊唱，內容健康，生動感人。農村的中老年人特別愛聽，尤其是唱到敵對雙方，在沙場上彼此相持不下，互相殘殺的場面時，有些聽眾便情不自禁地又說又笑，爲其喝彩助威。什麼饑渴啊，勞累啊，大家早已忘得一乾二淨。

因爲我從小就喜歡看古書，所以我愛上了打傳鼓。當時繁重的教學任務（我一個人要教一至四年級五十多個學生的複式班）和夜以繼日的農業勞動，有時累得疲憊不堪，確實需要一種精神寄託。於是我就拜當地老民間藝人蘇家秀爲師，學起了打傳鼓。

開始學打傳鼓，在烈日炎炎的盛夏，農友們個個幹得汗流浹背，我們幾個人卻站在幾十人的前面，打打唱唱，總覺得不好意思。蘇家秀很快看出來我的心思，直截了當地對我說：「打鑼鼓是祖輩傳下來的，我們在前面打打唱唱是爲了給幹活的人提神鼓勁，反正都是勞動，怕什麼呢？」他的話給我壯了膽，鼓了氣。

打鑼鼓有「三步曲」：第一步叫起板，由打鼓的掌板，打鑼的配合，即咚咚咚咚廣廣，咚廣，廣咚咚廣……在一陣緊鑼密鼓聲中，爲第二步曲——唱「五字」搞前奏，大概是爲了渲染唱戲者出臺的氣氛吧。第一板轉板以後，首先由掌鼓的以高亢激昂的唱腔詠起了「五字詩」。如天子重英豪，文章教爾曹，萬般皆下品，唯有讀書高。也有唱傳書原文詩歌的，如《唐書》中暗示薛仁貴出身的一段詩歌：家住窯窯一點紅（薛仁貴出生的地方），飄飄四下影無蹤，（「雪」，薛的諧音），三歲孩兒千兩價（「人貴」即「仁貴」），保主跨海去征東」（預示薛仁貴成人後的歷史作用）。」有時唱者也可根據一天勞動的時辰，即興唱一些五字歌，如：早晨來得快，忘把傳書帶，唐宋任君點，《三國》你掛帥。在夕陽西下快收工的時候，這樣唱道，太陽下了山，螞蟻在打鼾，你若不相信，扳開石板看等等。聽眾從這些歌中領悟到，一天的緊張勞動快要結束了。

傳鼓的第三步曲，叫農戲的正本節目，即「點本」，一般是七字一句，歌師傅將書中的故事編成四句一段的敘事詩，輪流傳唱。當唱到故事較爲生動，描繪的場面比較激烈時，也可以你一句、我一句地搶著輪唱，或幫腔合唱，這樣是最能吸引聽眾的。

曾記得上個世紀五〇年代末，我國第一顆人造衛星上天以後，全國人民無不歡欣鼓舞，在農村也流傳了一個很時髦的口號——放衛星。即農民夜以繼日，通宵達旦地幹農活。生產隊長爲了應付上級檢查，用竹筒裝上煤油，做成洋火把。「放衛星」時，將這些洋火把一排排地插在田裏，照著社員們幹活。隊長怕夜深了幹活的人打瞌睡，也安排人打鑼鼓，唱起了農戲。

彎彎的月牙，伴隨著幾顆星星，與地上一串串的燈光遙相輝映。一時間，在寂靜的莊稼地裏，震耳欲聾的鑼鼓聲、人們的吆喝聲和勞動工具的碰擊聲，彙成了一曲悅耳的交響樂。打鑼鼓的夥伴們，無不觸景生情，欣然地脫口唱出：天上的衛星當頂過，地上的衛星彙成河，牛郎織女笑顏開，嫦娥奔月算什麼……

•學做農活

鋤禾日當午，汗滴禾下土，誰知盤中餐，粒粒皆辛苦。這首古詩，也是古訓，生動地反映了古往今來農民從事農業勞動的艱辛與糧食的來之不易。當時十八九歲的我，一個身居農村的青年民辦教師，是在群眾面前裝出一副書生相，厭惡體力勞動，高居於農民之上，還是放下教書匠的臭架子，置身於群眾之中和農民打成一片，是當時衡量一個農村民辦教師是否合格的重要標準。無數事實使我較敏感地意識到，只有堅定不移地選擇後者，才有出路，否則將會遭到「下崗」的滅頂之災。

爲了鞭策自己，我暗地立了「四個一」的小規矩：一身補巴衣，一雙解放鞋，一手厚老繭，一顆平常心。用農村的俗話說就是裝龍似龍，裝虎似虎。堅持利用節假日和星期天與農民朋友一起戰鬥在農業生產第一線，一邊務農，一邊學農。

說起學農活，並不是有些人想像的那樣容易，只要有幾股力氣就行了，要想達到一定的技術水準，拿到標準工分，是非下苦功不可的。

日出而作，日落而息，是自古以來農村生活的特點。一年到頭，從春種夏耘到秋收冬藏，大約有三十多種農活，不僅需要力氣，還需要一定的技術才行。

耕田，是最基本的農活之一。我開始學耕田，把它看得很簡單，牛一套上梭，我就拼命地揮鞭趕牛。莫看牛不會說話，它通人性，也認人呢！一看我的架勢，就曉得我是個學角子，不是彎著頭站著不動，就是拉著犁亂跑；不是把犁頭別斷了，就是把鏵打破了。不到半個小時，弄得我滿頭大汗（這汗可能是累出來的，也可能是急出來的）。後來，我虛心地請教了老農夫柯玉先。他邊操作邊講耕田的要領，我才領悟出耕田的門道：耕田時要眼觀四方，心裏莫慌，犁梢掌穩，停停當當。後來，我按照他的指點，不僅學會了耕旱田，還學會了耕水田和耙水田哩。

栽秧的酒，割穀的飯，過路的君子有一半。這說明安苗下種是農民最大的希望，豐收是農民最大的喜事；還說明栽秧、割穀這兩種農活，因爲技術性較強，是農民最重視，生活最講究的，也是當時在生產隊得工分最高的活路。特別是拔秧和栽秧技術要求更高，叫「安大苗」，拔秧四十把可記一個工分，栽秧若能評上一等，一天可以記十六分。開始我按照傳統的方法拔秧，不僅拔得慢，而且拔出來的秧不是「雞屎坨」（泥巴，雜草洗不乾淨），就是「牛肉掛」（長短不齊），於是，我從外地（枝江一帶）瞟學了一種「雙手合抱拔秧法」即雙手合抱，像頂官帽，鬆手平放，輕抖雜草，整齊乾淨，既快又好。老農夫蔣喜昌說眞是吃屎就要領教，長到老，學不了啊！

栽秧的名堂更多，什麼「單株密植」、「雙株密植」、「三株密植」等等。在栽法上，有時爲了投機取巧，不落伍（叫「披套子」），什麼「斜三兜」，「大橫爬」、「小橫爬」、「狗牙豁兒」等等，也要學幾手，這些都是我的拿手好戲。在實踐中，我也編出來幾句插秧順口溜，蹲平雙腿，左分右隨，行子拉直，蜻蜓點水。一向不服輸的老隊長柯玉貴說：「怪不得說，養兒不讀書，好比養頭豬，人多讀點書，學農活就快些呀！」

每年新穀登場以後，揚淨曬乾才能入庫。生產隊長最難安排的是回場工，即揚穀子的人。因爲穀子回場一般是天亮前（無風）進行，揚穀子的人要絕對可靠（怕穀子被盜），同時這項活路技術性較強，要求達到「三度」。即一是揚穀子的弧度要有一百八十度（半圓型）；二是揚出來的穀子要有一定的純度（沙子、穀子、秕子要三分開）；三是揚穀子要講速度，即在有限的無風期內保證完成上萬斤的回場任務，否則就不能保證揚穀子的品質。當時因爲我主要是利用打早、晚工掙工分的，所以每年穀子回場，生產隊長認爲我是最佳人選。儘管人辛苦一點，但一個早工就可拿到一天的工分，豈不是苦中有樂啊！

還有碾稻場，打連枷，點黃豆，甩葉子，搭田塍，泥水選種等，凡是當地農民幹的活路我都會幹，可毫不誇張地說，沒有一種活因不會做而遭到他人的譏諷和指責的。因爲人要求得生存，就必須臥薪嚐膽，勇於實踐！正如有些同志說的那樣，無論是赤日炎炎的盛夏，還是大雪紛飛的寒冬，在全隊大大小小的田塊上，哪裏有喬老師那裏就有他的歌聲和笑聲，全隊哪一塊土地上都有他的足跡和汗水。

・學造農舍

農舍——農民的住房。七〇年代以前，由於農村經濟條件所限，農民住的房屋大都是自己換工建造的「乾打壘」土坯房。

打土牆的工具是用三塊硬木板鑲成的裝土的模子，叫「板」。板的前頭劃有一條中線，上邊掛著一把小鐵鎖，主要供打牆師傅掌握牆的平衡度之用。另外配有用木頭挖成的四根小柱子，上平下尖的打牆工具「夯」和兩把軋土的軋子。打牆時，一般由兩個人操作，爲了使兩個人用力一致，由師傅按照打夯的節奏領叫響亮的勞動號子，嗨呀，呵呀，副手應聲配合，邊築邊唱。

新房子落成以後，有些農民還要大擺酒席，吹吹打打爲新房上樑，樑上掛著「紫微高照」四個大字的紅條幅，以示時來運轉，長發其祥。建房的石木瓦三班藝人爲座上賓。房主還發紅包和一些慰勞品，以示感謝。當時，我覺得營造農舍，師傅受人尊敬，苦中有樂，加上我也想換工把家裏的舊屋翻修一下，所以也欣然加入了這個民間「建築隊」。

俗話說，萬丈高樓平地起。奠基是建房的關鍵。

我開始學下基腳，因爲用的是竹竿加繩子的比量法，測出來的角度很不準確，所以打成的房子總是歪歪斜斜的，有的甚至成了危房。究其原因是師傅測量基地的方法不對。於是，我運用了書本上點、線、面、體的幾何知識，用舊報紙對折，做成量角器，採用「八樁四線交叉測量法，」結果測量出來的地基十分準確，牆體也周正了。打匠師傅蔣光運高興地說：「哪曉得我們搞的這個土玩藝兒，書上也寫得有啊！眞是巧不過於人啦！」

學打牆，不僅要有力氣，也要講技術，還要有膽量。

俗話說：新牆如豆腐。開始學打牆的人，要站在又高又窄，搖搖晃晃的牆體上，打夯軋土，確實有些提心吊膽，但爲了學會這門技術，我只好硬著頭皮上。操作時間長了，慢慢地也就習以爲常了。

爲了保證房屋的建築品質，對打夯軋土都有明確的要求：即下架牆（最基層）四夯八軋；中層牆，三夯六軋；上架牆（叫「找尖」）兩夯四軋三種。打夯又分「小三路」、「斜三路」、「梅花路」和「平夯」四種。

每當我和師傅爲新房找尖時，兩人站在那高高的房屋的至高點上，眞有新屋拔地起，人在雲霧中之感啊！

在參與建房的活動中，我對做木活也產生了興趣。因爲做木活的原理都是幾何知識的應用，很有意思。加之當時家裏也急需添置一些木器傢俱，於是，我拜聶其華爲師學起了做木活。俗話說：木匠好學，一怕打朝天鑿，二怕箍圓貨。圓貨眞的這樣難嗎？我有些不信邪。在聶師傅的指導下，什麼小要足，大要縮等等的傳統方法，利用一些邊角廢料，學著箍圓貨。一次，我按照聶師傅教的土方法，加上書本上「圓」的基本知識，如直徑、半徑、圓周率等原理。給一塊塊的「瓦子」對縫，然後根據圓的半徑和周長的關係，算出需要瓦子的長度。用了大半天工夫，一個小盆終於箍成了。因爲手上的工夫不到家，雖然小木盆裝不住水，只能給學校裝鹽用，可是聶師傅還把我鼓勵了一番，並說：「有的徒弟一學好幾年木活，還不知道圓貨是怎麼箍的哩！」

俗話說：興趣是最好的老師。打那以後，只要有一點點空餘時間，我就忙著鋸啦，砍啦，刨啦，忙個不停。妻子瑞珍看我學木活興趣很高，毅然把年豬肉賣了一半，置了一套木工工具。別看我這個「毛木匠」，都覺得我的圓貨箍得不錯。一有空，不是東家找我箍桶，就是西家請我箍甑子，做弧梯，紮椅子等，加上我又不要工錢，更受大家的歡迎。有的老師半痞半笑地說，喬老師現在成了跛子的屁股——俏貨！

因爲學木活首先攻克了箍圓貨的難關，什麼起房子用的門窗，櫊木，檁條、椽子、吊簷，雨棚等等的製作和安裝，更是不在話下。

從一九六四年到一九七四年的十年間，家裏先後翻修、維修房子四次，用了兩百多個石木瓦工，可謂一呼百諾，未花分文工資，眞是家有千財萬富，趕不上薄藝在身啦！

・廣交農友

古話說，天時不如地利，地利不如人和。特別是像我這樣一個雙親早逝，背井離鄉，舉目無親的孤兒，當時如何立身處世，堅持與人爲善，廣交朋友，就更爲重要了。

如何跟農民交朋友，首要的問題是要瞭解農民的心理特點，注意農民語言的學習和溝通。因爲語言是人與人之間感情交流的工具。

俗話說，離鄉十里，各出鄉風。農民最忌諱的是所謂狗子進廁所——聞（文）進聞（文）出。什麼龍配龍，鳳配鳳，蓑衣配斗篷，跳騷配臭蟲，什麼背腳子不親打杵子親，和尚不親帽兒親等等。從這些樸實無華的話語中領悟到，和農民打交道，就要實打實。

曾記得，在我們居住不遠的地方，有一個王某人，他小時候讀過私塾，對「四書五經」略知一二。平時說話總喜歡半文半白地賣弄風騷。有一年過春節，他為了顯示知識才華，竟在一間破爛不堪的堂屋的正中牆上貼了這樣一副對聯：「談笑有鴻儒，往來無白丁。」其意思是說能和我打交道的都是大學問家，我從不與沒有文化的人交往。以此來標榜自己。凡是稍微懂得此聯含義的人，無不搖頭冷笑，敬而遠之。

有一次，他因幹活偷懶，跟生產隊蔣某發生了口角，王站在一棵大樹底下，指手劃腳地說：「老子肚子裏裝的是詩書易、禮春秋，你肚子裏裝的是粑粑、麵飯、懶豆腐。你簡直是在以小人之心度君子之腹啊！」蔣某哪裏聽得懂這些話，只是反駁道：「王某，你認得幾個狗腳跡呀！什麼『小人』、『大人』吶，『菌子』、『耳子』啊，你這麼有文化，還不是跟老鄙一樣挑大糞，搬土塊？」他們倆像演雙簣似的，跳三舞四的，後來眞的打起來了，你抱著我的腿子，我抓住你的頭髮，滾到一個水田裏。一陣糾纏後，兩個人全身都糊滿了泥巴，活像兩隻落湯雞。

這件事雖然出現在他倆之間，但對我的教育太深了。可見，我在農村，一個小小的教書匠，身份的轉換，語言的同化及和善的爲人是多麼重要啊！

從上個世紀五〇年代末到八〇年代初，是全國農村大抓普及初等教育的時期。當時小學生人數的猛增同廣大農村暫時的經濟困難形成了一對突出的矛盾。所以，千方百計地動員學生入學成了農村小學教師一門苦差事。有時老師爲了動員一個學生入學，要頂風冒雪步行上百里路，登門十幾次乃至幾十次，有時遇到不講理的家長，還遭到侮辱和驅逐。上級下達普及的「緊箍咒」，加上一些家長的無禮，教師眞是老鼠鑽風箱——兩頭受氣。迫於工作壓力，爲了使這些貧困生能上學讀書，唯一的辦法除了說好話外就是教師咬緊牙關，解囊相助。

我在蘇家嶺、紅岩埡兩所學校工作的二十多年裏，先後爲八十多個學生墊交學費達四百六十多元。雖然看來是不足掛齒的，但與我當時一家三兄妹相依爲命，僅靠我每年三千六百個工分過日子的境況相比，確實是一個不小的數目。還是古人說的好，錢財如糞土，仁義值千金。我深信，事物總是發展的，凡是有良知的家長心裏總是會有一本帳的，因爲這本帳不是一本平常的經濟帳，而是一本情誼帳，子孫栽培帳。

隨著時光的流逝，孩子們都在一天天地長大，後來，一些預想不到的感人的事實，對我如何正確處理「錢」與「情」的觀點得到了證實。

學生李述忠是四組貧協組長金開珍的兒子，一家七口人，因家大口闊，加上天災人禍，五兄妹上學的書雜費除了國家減免外，其餘全靠老師墊支。爲了不讓這些孩子輟學，我成了他家的常客，動員他們入學。久而久之，我跟他們建立了深厚的師生情。李述忠上初中二年級時，我是他的語文老師兼班主任。有一次，他寫作文時，「廁所」兩個字不會寫，在班上舉手向我請教。我工工整整地在黑板上板書了這兩個字，李述忠怕記不住，隨手將「廁所」兩個字抄寫在一本《毛主席語錄》的空白處。哪知上政治課時，被A領導發現了。未等下課A領導就找李述忠談話，指出這是污蔑毛主席語錄的政治事件，要李述忠揭發是喬老師教唆他這樣寫的，妄圖嫁禍於我。此人不學無術，是靠貧下中農出身和阿諛奉承成爲學校領導的。他嫉賢妒能，早就把我當成眼中釘、肉中刺了，但平時苦於找不到岔兒。這次好了，就憑這一條，就可打碎我的「飯碗」，甚至弄頂「現行反革命」的帽兒給我戴上。

這件事很快被李述忠的母親知道了。她怕孩子經不住逼供亂說，連忙對兒子嚴肅地說：「李述忠，人要有良心，這件事不是小事，喬老師是個好老師，一就是一，二就是二，不准害人吶！」

A領導認爲事不宜遲，必須馬上把這件政治性大事直接捅到公社去。於是，命令李述忠和我跟著他一同到公社去報案和接受審查。

隆冬的夜晚，彎彎的月牙發出微弱的光，灑在積雪的山路上，煞白而清冷，一陣陣刺骨的寒風，不時地颳來。我穿著那件大藍布舊棉襖，儘管腰裏紮了一條圍巾，仍然凍得直打囉嗦。

A領導板著面孔，一手拿著報案的語錄本，一手拿著旱煙袋，一聲不吭地帶著我和李述忠跋涉在前往公社的山路上。沿途像死一樣寂靜，除了遠處偶爾傳來幾聲狗吠，就是我們三個人咯哧、咯哧踩踏雪路的腳步聲。

從學校到公社大約有十多里路。晚上十一點左右，三個人氣喘吁吁地到達公社所在地——界牌埡。

一望，公社幹部宿舍僅有一個窗戶還有燈光，正是黃書記的宿舍。A領導對著窗戶大聲喊：「黃書記，我有重要事情向你匯報。」

黃書記叫黃選福，四十歲上下，一臉絡腮鬍子，雖然是工農出身的幹部，文化水準不高，但辦事原則性強，在群眾中很有威望。

一會兒，公社的大門開了。黃書記把我們帶到了他的辦公室，耐心地聽A領導對「案情」的陳述，隨後察看了寫有「廁所」二字的毛主席語錄本。沉思片刻以後，分別找我和李述忠詳細詢問了寫這兩個字的原由。結果兩人所陳述的情況完全一樣。霎時，某領導的臉色由紅變青，不時地一邊用旱煙袋腦殼敲打火盆架子，一邊喘著粗氣。

黃書記經過一個多小時的調查詢問後說：「最高指示毛主席教導我們說，『沒有調查就沒有發言權。』仙侶中小學出現的這件事，純屬學生李述忠政治意識不強，粗心大意造成的。老師教他寫這兩個字沒有錯，不存在老師叫他把『廁所』兩個字別有用心地寫在毛主席語錄本上的事實。實事求是是我們黨的三大法寶之一，我們辦事情、想問題都要一切從實際出發，不能憑主觀臆斷，否則，就會弄成冤假錯案，對同志，對事業都沒有好處。時間不早了，你們快回學校去吧。」

黃書記的話，嚴肅而懇切，使我們都受到了教育。A領導大失所望，極不耐煩地與我和李述忠分道揚鑣。

第二天，李述忠的媽媽怕我背思想包袱，特地到學校向我道歉。她說：「喬老師，這件事是我的娃子惹的禍，使你受了氣，你千萬不要把它放在心上，只怪你家庭成分不好。人吶，眞是知人知面不知心吶！」

我沉思良久，在這個唯成分論，以階級鬥爭爲綱、極「左」路線橫行的社會裏，要不是我平時堂堂正正地做人，注意人際關係，那麼，處分回家，甚至抓進牢房的厄運，不就要輕而易舉地降臨於我嗎？

學生喬雲家是地地道道的貧農子弟。因家大口闊（姊妹六個，有四個都是我的學生），往常吃了上頓愁下頓，一家人的衣服、鋪蓋全靠國家救濟，孩子上學的困難更是可想而知了。

喬雲家一年四季從來未穿過鞋子，即使冬天，也是打著赤腳踏雪上學。一件破棉襖的兩隻袖子早成了幾條筋，僅剩下前後兩坨舊棉花。走起路來，一擺一擺的，一些學生給他取了個外號，叫「綿羊」。

一度，他因家庭困難感到很壓頭。他是我的鄰居，朝夕相處在一起，我早已發現他有棄學放牛的念頭。於是，我一邊在班上表揚他克服困難的苦讀精神，一邊嚴肅地批評了一些學生，嫌窮親富，隨意給別人取綽號的不良品行，使他很受感動。

一個星期六的下午，學校放學以後，別的同學都陸續離校了，可是喬雲家一個人還在位子上寫寫畫畫，一問，原來是想跟我一起回家。我便熱情地讓他在我的辦公室坐下來。先是問這問那，後來我發現他的眼睛一直盯著牆上掛的一把二胡，我明白了他的意思。於是，我把二胡取下來，有意識地奏了一首〈想起往日苦〉樂曲，他聽得很出神。接著，我向他講述了歌詞的大意，並啓發他說：「在過去萬惡的舊社會，只有大戶人家的孩子才能上學讀書，窮人家的孩子是不能上學讀書的。古人說，少壯不努力，老大徒傷悲。你讀過〈鐵棒磨成針〉這篇課文嗎？意思是說，只要工夫深，鐵棒也能磨成針。你的困難是暫時的，今後的前途是遠大的，機不可失，時不再來呀！」聽著聽著，他的眼睛濕潤了……

後來他利用課餘時間，跟我學書法，拉二胡，吹嗩吶，相處得很和諧。

斗轉星移，一晃十多年過去了。喬雲家由一個普通農民的孩子，成了鐵路工人。遠在襄樊鐵路局工作的他，無不思念著故鄉的親人和朋友。

一九七六年冬，他不知從何處打聽到我在宜昌師範進修學習，便專程到宜昌接我去襄樊做客，我欣然答應了。

在一個寒風凜冽的深夜，火車緩緩駛進了襄樊站。我剛一下火車，老遠就看見喬雲家披著一件黃大衣，向我撲過來。他見面的第一句話就說：「喬老師啊，眞是一寸光陰一寸金，寸金難買寸光陰吶。」我新奇地問他，雲家，你怎麼一開口就說這句話呢？他爽朗一笑，說：「這些警言佳句還不是你在蘇家嶺小學教我們的？」兩人握著手，會心地一笑……

在雲家陪伴下，我們走襄陽、摸樊城，兩個人像親兄弟一樣，談笑風生。從他小時候打赤腳踏雪路上學到小學畢業後離別的情景；從跟我學寫毛筆字到學吹嗩吶……眞是無話不說。同時通過這次遊覽，我也親身感受到鐵路工人的酸甜苦辣。油煎的小饅頭，多味的豆腐乳，有時還喝幾杯小米酒，至今使我回味悠長。

難忘的二〇〇一年七月四日，我因公從高陽鎮到古夫上班時，在途中出了一次車禍。雖然倖免一死，但頭部受傷嚴重，縣醫院誤診為「頭部無異常」，因而就地治療。

說來也怪，我出事的第二天淩晨五點多鐘，忽然電話鈴響了，是喬雲家從宜昌花豔火車站打來的。他第一句話就問：「喬老師，你現在在什麼地方啊，還好嗎？」「我現在在縣醫院住院。」接著，我把出車禍的詳細情況告訴了他。他深深地歎了一口氣，說：「喬老師，事情眞怪啊，我昨天夜裏做了一個夢，大概內容是這樣的：一天，天空烏雲密佈，從興山高陽鎭到古夫的公路上，有一大隊人馬，好像還打著旗子什麼的，浩浩蕩蕩地向古夫前進。你坐在一頂轎子裏面，前呼後擁。忽然颳來一陣狂風，先把你坐的轎子頂吹飛了，接著抬轎的人驚慌失措，一陣吆喝，把你抬到河裏去了。我一覺醒來，將夢境跟鄧家春（雲家的愛人）講了一遍，都覺得這個夢不太好。鄧家春趕緊催我給你打個電話，提醒你，最近出門要注意安全！」

我撲哧一笑，說：「感謝你們夫婦的好意。」後來，我越想越覺得喬雲家的這個夢眞靈，眞是是禍躲不脫，躲脫不是禍啊！

我在縣醫院因爲接受的是誤診治療，以至大腦積水逐漸增多，嚴重壓迫大腦神經。一個月以後，頭痛忽然加劇，左肢失去知覺，語言吐字不清，記憶力完全喪失。這些現象引起了單位領導和全家人的高度重視，趕緊把我送往宜昌市一醫院搶救，頭部做了「穿孔引流」手術。

一天，我躺在病床上，仍處於半昏迷狀態。忽然，隱隱約約地發現一個頭戴寬沿帽的中年男子捧著一束鮮花站在我的床前。開始，我以爲是自己在做夢，後來定睛一看，原來是喬雲家帶著女兒看我來了。我手術後不能多講話，只能微微地招手示意。

目睹師生在醫院重逢的感人情景，回憶一件件兒時的辛酸往事和這次車禍幾乎師生訣別的驚險一幕，一陣酸楚不由得湧上心頭。喬雲家緊緊地握住我的手，安慰道：「老師，你好事做得多，有貴人照應，有神靈保佑，你是大難不死，必有後福啊！我含淚點了點頭……

寫到這裏，我又想起了四十多年以前的一些往事。一九六一年臘月二十四日，是我和瑞珍結婚的日子。當時正值三年自然災害生活最困難的時期，一個自操自辦的婚禮在喬家灣舉行。

結婚那天，四面八方的同事和親友共六百多人。有的提兩升包穀，有的提幾升穀子，有的提一籃小菜，有的一兩元禮金……組成十二個恭賀班子，來爲我們祝賀。有的親友風趣地說：「喬老師，我們看著你在這裏長大成才，雖然你無爹無媽，婚禮還辦得這樣隆重，眞是少見，這與你平時的爲人是分不開的！我們今天專程來爲你祝賀，送的禮說不上嘴，只能算是千里送毫毛——禮輕仁義重啊！」

文化大革命期間，正是農村所謂突出無產階級政治最活躍的時期。全國上下在「讀毛主席的書，聽毛主席的話，按毛主席的指示辦事」的號召下，要求家家都要掛「忠」字牌，人人都要學唱毛主席語錄歌，隊隊都要學演樣板戲，造反司令部個個都要做戰鬥旗，紅衛兵人人都背毛主席語錄包，房屋的每一塊外牆上都要寫上毛主席語錄或醒目的宣傳標語，包括農民每天吃飯、上工前，都要手捧紅寶書（毛主席語錄本），口念：「祝毛主席萬壽無疆，萬壽無疆！祝林副主席（林彪）身體健康，永遠健康！」個人崇拜達到了登峰造極的地步。

一度，農村中小學竟成了突出無產階級政治的辦公室，教師成了宣傳毛澤東思想的主力軍。

雖然這些「左」得出奇的政治活動對學校的教學工作有很大的衝擊，但是對我這個從小就喜愛吹拉彈唱、琴棋書畫的人來說，的確是錘煉基本功和以「文」會友、以「文」交友的極好機會。我的社會活動也越來越多，不是今天到界牌埡參加演「樣板戲」，就是明天被抽到水磨溪寫標語；平時，不是張家請我寫對聯，就是李家家裏死了人，請我去寫悼詞；還有題寫戰鬥旗吶，趕做「忠」字牌呀，舉辦階級教育展覽等等，忙得不可開交。好在農村流傳著這樣一句古話：讀書須用意，一字值千金。我們每到一處，儘管生活艱苦，農友們總是把他們自己捨不得享用的好煙、好酒、好菜拿出來熱情地款待我們。有時我們眞有些過意不去啊！

通過這些獻「藝」活動，雖然贏得了絕大多數農友的羨慕，但也惹來了一些被人嫉妒的災禍，有的且達到咬牙切齒的地步。

曾記得，我們大隊的造反司令部的頭頭，在一次批鬥大隊書記萬能品、大隊長蘇家秀的群眾大會上，不僅要他倆在群眾面前彎腰九十度，還狂叫著質問他倆執行的是什麼路線，依靠的是些什麼人（主要指重用了出身不好的人），安的什麼心，是不是依靠他們這些人來翻案等等。可憐的書記、主任們，昔日的「座上賓」，今日突然成了「階下囚」。最後勒令他倆在兩天內，交出「認罪書」。

大會的第二天早晨，蘇大隊長竟又到我家來了。我開始以爲他是來通知我棄教回鄉的。後來一問，才知道他是來請我寫「認罪書」的。我十分爲難地把蘇老望了望，眞是啼笑皆非，不可思議啊！

一晃四十多年過去了，回首我在那極爲特殊的環境裏，堅持亦教亦農和識友、交友、學友的一樁樁動人往事，使我想起了古人的一句名言，人非草木，孰能無情啊！

「觀音」送子

我國在遠古時期就有「觀音送子」的傳說。即，若夫妻結婚不孕，只要男女雙方誠心拜謁觀音菩薩，她就會大發慈悲，使你生兒育女。雖然這是一個神話傳說，但我平生就眞的遇到過類似傳說的眞人眞事。

故事還得從頭說起。我有一個姻兄叫胡瑞泉，他也是和我同在一個學校工作過的同事。姻嫂叫田質蓮，結婚已十多年了，但一直沒有生育，兩口子無時不在渴望著何時才能有一個自己的小寶寶來傳宗接代。

說來也巧，有一天學校放學以後，老師們不約而同地湊到一起閒聊。我無意中講了學校的一個眞人眞事：我班上有個女同學叫蘇傳芬，讀三年級，家住蘇家嶺四組，一家五口人。她的父母生了三個女孩，因受農村重男輕女生育觀念的影響，強行超生了一個男孩，叫蘇傳有。那曉得第四個孩子一出世，家裏不僅要交違背計劃生育的罰款，而且在校讀書的蘇傳芬要照顧小弟弟，連書也讀不成了。一天，一向潑辣大方的蘇傳芬當著父母的面發起脾氣來：「叫你們結紮不結紮，生些娃子害我的！」其父聽到這話惱羞成怒，舉起掃帚要打她，機靈的蘇傳芬早已逃之夭夭。

這個小故事使在場的老師們捧腹大笑。哪知說者無意，聽者有心。胡瑞泉老師在一旁只是深吸了幾口旱煙，沉默不語，好像有什麼心思。這時候我才意識到我這個故事講出問題了，因爲胡老師沒有子女，所以在老師們面前曾流露過「我們兩口子將來是無兒無女的孤老」。

我，作爲胡老師的親戚，講這個故事，雖然是無意的，但心裏總覺得很後悔。我想，難道胡老師夫婦倆一輩子眞的要成爲「孤老」嗎？

俗話說，是親有三顧。親戚之間，幫人要幫在實處。於是，我向胡老師提出了一個建議：我有一個姨爹叫楊問仕，在宜昌中心醫院內科室任主任醫師，待人態度和藹，醫術精湛，樂於助人。學校放假以後，我可以帶你們去宜昌做一次體檢，查出不育不孕的原因，以消除你倆的心腹之痛。胡老師十分感激地接受了我的建議。

眞是好事多磨，正當我們準備啓程的時候，一場歷史上罕見的大雪突然降臨了。從界牌埡至縣城的班車因大雪封山停開。若要乘船到宜昌必須步行五十多里的雪路到縣城乘車再到香溪乘船。雪這麼大，是去還是不去呢？胡老師好像看出了我的心思，再三懇求說：「喬老師，俗話說，做了好事有好事在，就是下刀子，也要把你辛苦這一次，有情不在一日之感。說著，說著，他的眼睛濕潤了。看來，胡老師深有膝下無子身不貴的傷感。

一九六三年臘月二十一日一大早，陣陣刺骨的寒風咆哮著，一片片雪花紛紛揚揚地仍下個不停。我和田嫂（胡老師曾做過男性檢查，沒有問題，爲減少消費，這次未去宜昌）頂風冒雪出發了。一路上，我穿的草鞋早已被冰冷的雪水浸濕透了，一雙腳凍得像刀割一樣疼。田嫂包的頭巾上早已積滿了雪。她苦笑著說：「永海弟啊，爲我們的事確實把你太辛苦了！」我連忙回答說：「沒關係，沒關係，這就叫做好事多磨嘛！」同路的還有袁明政和袁裕穀，都不禁哈哈大笑起來。

三九天的宜昌，早已披上了銀裝，雖有幾分寒意，但是姨父母的熱情接待，使我倆心裏卻熱乎乎的。

次日上午，姨父帶著田嫂拜見了婦產科的周大夫。她高高的身材，眉清目秀，說話的口音像是北方人，非常平易近人。她仔細詢問了田嫂的有關情況後，便把田嫂帶到了婦科診斷室。

大約半個小時以後，周大夫十分嚴肅地對我們說，你們山區的醫療條件太差了，連這麼簡單的病就查不出來，還要走這麼遠的路來求醫。不就是陰道滌蟲嘛！我開幾味藥，只要按療程服用，再補充吃一些「烏雞白鳳丸」，生小孩是絕對沒有問題的！

周大夫深沉而懇切的話語，像久旱的甘雨滋潤著田嫂的心田。我和田嫂的這次艱辛的求醫之旅，對盼子心切的胡老師夫婦來說，總算吃了一顆「定心丸」！

時來命運轉，藥吃有緣人。田嫂經過一段時間的治療，眞的懷孕了！

一九六四年臘月三十日，冬日融融，清風拂拂。正當千家萬戶鞭炮齊鳴，辭舊迎新的時刻，胡老師的小寶寶順利地降生了！兩口子眉飛色舞，欣喜若狂。胡老師脫口而出：「今天是大年三十，兒子的出世，不僅給我們帶來了驚喜，還給他們母子帶來了平安，兒子的乳名就叫『年安』吧！」學名胡譜。譜，家譜也，其意思是從此這個家庭終於有了延續家譜的人了。之後，田嫂又生了一子叫胡輝。輝，輝煌也，寓意光宗耀祖，長發其祥。

這一喜訊很快傳遍了整個村落。大家一邊暢飲團年酒，一邊侃侃議論：誰說生兒育女是命中註定，只要相信科學，周大夫不眞的成了送子上門的「活觀音」嗎？

長子胡譜，成年結婚後得一子叫胡亞慶，一女叫胡芳芳;胡輝成年結婚後得一子叫胡航。胡老師一家已由昔日的「孤老」戶，成了兒孫滿堂的幸福之家!

患難姊妹情

二○○七年六月五日，是我的姐姐——嚴永瑛七十歲生日。彈指一揮間，半個多世紀過去了。我跟姐姐一樣，六十多年的坎坷人生路，猶如一條色彩斑斕的五線譜，點綴著酸甜苦辣，伴奏著離合悲歡的苦難、拼搏和幸福的人生三部曲。

姐姐雖然只比我大五歲，但她超人的聰明才智，豁達的性格特點，頑強的拼搏精神和感人的人格魅力，無不令人傾慕，催我自新！

撫今追昔，在艱苦的歲月裏，姐姐一刻也未忘記幾個雙親早逝、孤獨無援、受苦受難的弟妹們。回首這些往事，至今歷歷在目。

•一斗小穀的接濟

一九六〇年七月十七日，是我終生難忘的日子。苦命的母親不堪忍受饑餓和病痛，溘然去世。狠心的繼父披著大隊會計的外衣，又覓新歡，早已逃之夭夭。一家人剩下我和一個因滿頭生瘡、智力低下的弟弟永強及一個不滿三歲的妹妹永鳳，相依爲命。一時間，家裏哀聲四起，哭聲不斷，尤其是每當我們一開門就目睹母親的新墳時，心裏更是悲痛欲絕，不知流下了多少悲傷的淚水。

家庭的突然破碎，加之歷史上罕見的自然災害的降臨，可謂雪上加霜。迫於生計，我每天還要背著妹妹，帶著弟弟去學校教書，眞是內外交困，度日如年。

俗話說，民以食爲天。本來就極度貧困的家庭，加上母親突然去世，需要請人安葬，家裏的一點儲備糧食早已所剩無幾。但爲了生存，木瓜子麵，甜菜根，連皮洋芋和老南瓜竟成了我們的代食品。當時爲了給妹妹找一條生路，我叫她去找爸爸（我的繼父喬會昌），可是被狠心的後娘用棍棒攆了回來……

天不生絕人之路。有一天，姐姐忽然來到我們家，估計是專門來觀察我們幾姊妹的生活情況的。目睹這一令人心寒的狀況後，既心疼又惱怒地說：「你們眞老實，家裏沒有糧食吃，怎麼不早說，快到我家背一斗小穀來吃，只要接到新糧食就好了！」眞是渴時一滴如甘露啊！雖然僅一斗小穀，但對在饑餓線上掙扎的三兄妹來說，是何等的珍貴啊！

•一本小說的啟示

在艱苦的歲月裏，人們不僅物質生活貧窮，精神生活也十分匱乏。我參加教育工作時，除了一本缺邊少角的《四角號碼字典》和幾本教科書以外，再也沒有什麼好書可讀了。

一個星期天，秋雨初霽，陽光明媚。農民都在忙著趕墒栽油菜。我也抽空去幫姐姐挖園田種菜。休息時，我忽然發現姐姐書桌上擺了很多書，有《野火春風斗古城》、《苦菜花》和《林海雪原》等，我高興極了。姐姐好像看出了我愛書的心思，語重心長地說：「這些書都是你哥哥買回來供我消遣的好書，你是教書的，也要多讀書，才能把書教好。你如果有興趣，可以拿幾本回去看嘛！」我高興地順手挑了一本《林海雪原》。

回家後，我一連四個晚上，把弟妹安排休息了，在一盞微弱的煤油燈下，孜孜不倦地讀了起來。眞是開劵有益呀！有些精彩的片段和感人的故事情節還做了讀書筆記。楊子榮、少劍波的英雄形象在我的腦海中留下了深刻的印象。特別是當時對我這個身處逆境感到迷惘，正在尋找人生路的青年來說，書中的許多觀點和語言使我受到了很大的啓發和教育。

概括起來有三個觀點我至今記憶猶新：一是一個人從出生至入死的幾十年，要正確處理好「苦」與「樂」的關係。尤其是當你身處逆境，飽經苦難的時候，千萬不能喪失生活的信心，因爲「苦」是「樂」的前奏，「苦中有樂，先苦後甜」就是這個道理。我在書中寫到的《音樂伴我度困境》一文，就是接受了這一觀點後的一個典型例證。二是在日常生活和工作中要正確處理好「智」與「勇」的關係。以前，我片面地接受了什麼懶惰，懶惰，受凍受餓；勤快，勤快，衣食自來的觀點，認爲只要多下苦力，就能改變命運。後來，小說中不入虎穴，焉得虎子和威虎山「只能智取，不能強攻」的觀點使我認識到，要想走出困境，必須靠知識和智慧。

於是我把大部分時間和精力集中到看書學習和教學業務研究上來。隨著工作能力的增強和教學水準的提高，工作做得更加出色，教學品質迅速提高，得到了上級領導的好評和群眾的讚揚。實踐使我眞正嚐到了只有知識才能改變人的命運的甜頭。小說中的主人公楊子榮智取威虎山，活捉座山雕的大無畏革命精神，對我又一個啓示是，一個人無論何時何地要注意處理好「大膽」與「謹愼」的關係。就拿我來說，無論是教書育人，還是抓教育管理。如果胸無大志、畏首畏尾，結果很可能是一事無成；如果是目空一切，膽大妄爲，甚至爲所欲爲，到頭來會聲敗名裂，一敗塗地。大千世界，不乏其例。

古云：山不在高有仙則名，水不在深有龍則靈。

這本書雖然不是驚人的長篇論著，但它告訴了人們很多樸素的哲學觀點。我，就是典型的受益者。我想這正是我的姐姐當時教我要多讀書、教好書的良苦用心之所在。

•一段衣料的情誼

母親去世之後，我除了承擔教學任務以外，還要帶弟妹，種園田，砍柴禾，洗衣服，整米磨麵，挑水做飯。這些繁重的家務活都壓在了我一人肩上，有時確實有些精疲力盡，苦不堪言。

秋去冬來，每年按慣例我要抽空幫姐姐到很遠的地方去背一次木炭。恰好那天姐夫胡家魁休息在家。酒後飯餘，家魁兄看到我疲憊不堪的樣子，很婉轉地向我提到了一個成家和立業的關係問題。我當時確實感到既傷心又爲難。姐姐接著說：「永海，關於找對象的問題，我很早就有所考慮，據我平時觀察，物色了一個人，不知你是否同意。隨即簡單地介紹了胡瑞珍少年喪父，跟著繼父長大，人很能幹，特別是能吃苦」等情況。然後接著說：「再貧窮的家庭通過她的雙手一定能致富。如果你認爲可以，你們相互認識一下，再鍛煉一段時間。」通過姐姐的情況介紹，針對我家庭的現時狀況，確實比較合適。但我當時考慮最多的是，如何把弟弟、妹妹扶養成人的問題。早點成家，多一個幫手，也有好處。後來通過深入瞭解，才知道她也是書香門弟的子女，或多或少地受過一些「三從四德」教育，有一定的修養。這門婚事也就定下來了。

在一個風雪交加的晚上，姐姐提著馬燈，帶著我和瑞珍，步行三十里山路，到黃糧區公所辦理了結婚登記手續。我們商量，定於農曆臘月二十四舉行婚禮。

屈指一算，婚期已步步逼近，可是接新娘用的衣服還沒有著落。姐姐當即毅然答應出一段衣料，後來又借二舅的一床緞子被面換了一丈五尺布票，勉強湊齊了四件接新娘的衣服，才把瑞珍接到了家。就這樣一個特殊而又寒酸的家庭在親友們的支持下組建起來了。

俗話說，患難見眞情。一段布料好像不足掛齒，但是在那食難飽腹，衣難遮身，求助無門的情況下，無不體現了深深的愛幼心和濃濃的姐弟情。

•一把鐮刀的教訓

有一年冬至剛過，寒潮來臨。一天，我正在爲三兄妹過冬取暖的問題發愁時，柯家嶺一個小青年來約我到附近胡家灣的山林裏去偷柴。當我聽說是去「偷」，心裏總覺得不對頭。他說：「你怕什麼，過去老輩子說過，挑水不問井，砍柴不問山，偷柴不爲盜，出了問題，我包啦！」既然是這樣，我就跟他去了。

我倆走進山林一看，高大的青松，筆直的白楊，一棵挨著一棵，還有那些矮小的灌木，如最肯燃的花梨木、檀香木、映山紅等滿山皆是，密密麻麻。我和他如獲至寶，趕快「叮叮咚咚」地砍了起來。哪知命不封神，砍柴聲被山林的胡老闆聽到了。說時遲，那時快，我抬頭一看，一個身材高大，滿臉皺紋，大約六十開外的老頭兒站到了我的面前。眞把我嚇呆了。那老頭兒惡狠狠地質問我：「是誰叫你們到我山林裏來砍柴的？膽子還眞不小哩！」我張口結舌，無言以對。「罰你們的錢吧，你們是窮光蛋，快把刀給我拿來！」老頭轉身再找那個「小崽子」，他早已被嚇得魂不附體，遠走高飛了。我只好含著淚，空著手回到家裏。

過了幾天，姐姐忽然拿著一把鐮刀到我家來了。她深情地說：「我想這把刀本來不值多少錢，但你們現在買不起呀，沒有刀砍柴你們冬天怎麼過啊，以後莫再冒這樣的險了。」我感到有些羞愧。

原來，這山林的主人離姐姐家很近。做活時姐姐聽別人議論，我的刀被別人沒收了，她專程到他家裏，代我向他說了些好話，道了歉，這才把刀拿來的。事後，我想，這是姐姐爲弟弟做的好事。俗話說：滴水之恩，當湧泉相報。我雖然沒有「湧泉」，但有微薄的勞力。於是，我把自家山上的松樹砍了一棵，劈好炕幹，過年以前，我背了一大背乾柴給姐姐送去，以表達給姐姐辭年之意。

每當我回憶起這些辛酸的往事，不禁使我更加領悟到，我的姐姐雖然年逾古稀，但仍能做到長輩們疼愛她，同輩們敬重她，晚輩們愛戴她，這正是她人格魅力的生動體現。爲此，我衷心祝願姐姐、姐夫，白頭偕老，健康長壽！

一次不該發生的爭吵

一九六一年農曆臘月二十四日是我和胡瑞珍結婚的日子。一晃四十多年過去了。其間，夫妻間爲一些家庭瑣事有時不免有一些磕磕碰碰，有時鬧得面紅耳赤。然而，當我們雙雙步入老年以後，回憶起年輕時有一些爭吵完全是不該發生的。

那是一九六三年冬天的一個早晨，天陰沉沉的，北風夾著雪花漫天飛舞，氣溫驟然下降。這時也正是農村有膘無膘，從屁眼裏一刀——殺年豬的時候了。

好不容易盼到了一個星期日，瑞珍早就對這一天的活路作了安排。頭天晚上，瑞珍和我坐在火籠邊烤火。她借著火光（煤油憑票供應，不夠照明用）一邊紮鞋底，一邊和我商量：眼看天氣漸漸冷起來了，我們家的年豬，一來飼料不多了，豬子天冷也不長肉了，怕跌膘；二來國家對豬肉「購留各半」（農戶每殺一頭豬，不管大小，一律交售一半給國家，豬頭、蹄子任賣一樣）的任務也要早點完成，不然不但要挨批，來年在生產隊裏還稱不到五十斤飼料哩！當時我也在暗想，只要家裏殺了豬，年前再不用到處求爹爹告奶奶地買豬油爲兒子拌飯吃發愁了。

在那農村生活極度（一年到頭很少吃上肉）困難的歲月裏，我和瑞珍也像小孩子似的，因爲家裏要殺豬，興奮得連覺也睡不著。

第二天天還未亮，我們就起床提水、劈柴，忙著燒水。天剛濛濛亮，殺豬的師傅和一個幫忙打雜的人來了。一看兩滿鍋水已沸騰，殺豬佬一聲吆喝，一頭活蹦亂跳的瘦豬（因沒有糧食作飼料，豬瘦得皮包骨）很快倒案了。殺出來一稱，僅八十二斤重。扒油下蹄後，半邊肉淨重僅二十六斤半。按照當時的肉價可賣二十多元錢。爲了防止鮮肉水分蒸發，減少份量，瑞珍連忙將半邊豬肉和一個豬頭用塑膠紙包好背著急急忙忙地向界牌埡食品所走去。我老老實實地按照瑞珍的吩咐，挖園田，割田邊。

我正幹得滿頭大汗，忽然聽見後邊有腳步聲，轉身一看，原來是瑞珍背著一包東西回來了。她高興地對我說：「長根他爹，我看你一年上頭太辛苦了，一個老師冬天穿一件舊棉襖，腰裏繫一根爛圍巾（禦寒的），穿一條單褲子，常常把脖子縮著（怕冷），就不怕老師和學生笑話你呀！我大起膽子稱了一斤半毛線，給你打一件毛線衣，還稱了點棉花，用舊布給你縫一條棉褲，好過冬，另外還給長根買了個頂風帽……」未等她說完，我已火冒三丈，把她狠狠地訓斥了一頓：「你呀！完全是個馬大哈（不知時務），現在是什麼形勢，幹部下鄉要搞「三同」（和貧下中農同吃、同住、同勞動），老師要接受貧下中農再教育，要求做到有「三巴」（手上有繭巴，腳上有泥巴，衣服上有補巴），你知道嗎？最近，黃糧有個民辦教師，回家不參加集體勞動，瞧不起貧下中農，大家一氣之下，聯名告狀，硬把他告回去了。再說，我平時連穿鞋子就比較注意，早上打早工，從家裏到學校上班，晚上放學後搞勞動時都穿草鞋，到了學校要上講臺時才換上布鞋，這是爲什麼啊，無非是要隨時隨地注意保持勞動人民的本色。如果我們只顧自己吃好點、穿好點，與眾不同，這還叫和貧下中農打成一片嗎!?瑞珍啦，你表面是在心疼我，實際上是在害我，你知道嗎？不管怎麼說，反正你做的衣服我堅決不穿！

瑞珍臉一沉，開腔了：「一個民辦教師，多大個事，眞是好也不知，歹也不知，趕到坡裏草也不吃（這是農村罵人的幽默話），你不穿算啦！」她流著委屈的眼淚嘟囔著回家去了。因爲發生了矛盾，一連幾天，我和她連話也不願說。

隨著歲月的流逝，改革開放的春風早已吹到了全國每一個角落，特別是鄧小平讓一部分人先富起來的政策和越富越光榮的理念，早已深入人心。經濟發展了，人民富裕了，物資豐富了。撫今追昔，我與端珍的這次爭吵不是太冤枉了嗎？

一道中考作文題

一九七七年全國恢復高考制度以後，成千上萬志存高遠的莘莘學子如魚得水，躍躍欲試，都想抓住這一良機，通過奮力拼搏，順利地升入到高一級學校。

文化大革命十年浩劫，教育戰線是深受其害的重災區。農村學校全部實行「開門辦學」，讀紅書、學農活，教師欲教不能，欲罷不忍；學生欲學無書，求學無門。教學品質嚴重低下。

恢復中考之初，僅就學生的語文水準爲例，初中畢業生的中考作文，不外乎都是「三下」、「兩爭光」同一個模式，即：文章開頭寫上在毛主席英明領導下，在毛主席革命路線指引下，在全國大好形勢下；「兩爭光」即文章結尾都要寫上爲毛主席爭光；爲祖國人民爭光！喊些政治口號了事，或者寫幾句啼笑皆非的打油詩交卷。

考試即競爭。從一九七七年、一九七八年連續兩年全縣中考成績排名的情況看，原寶龍公社的名次很不理想。爲了扭轉這一被動局面，時任公社文教幹事的傅光亮同志十分著急。經過反覆考慮，他毅然向公社黨委提出了集中人力物力，在瓜兒堰高中開辦初三重點備考班的方案，得到了公社領導的批准。決定選調我和沈國禎同志分別擔任語文、數學教師，其餘學科由高中教師分別兼任，並指定我任該班班主任。領導要求我們在一九七九年打個品質翻身仗。

通知一經發出，所屬的界牌埡、余仕坡、公坪、火石嶺四所初中的師生議論紛紛。有的說：「什麼重點不重點，老師都不是一樣教的嗎？弄得不好還會勞民傷財。」有的說：「教學是門藝術，把這些「尖子」學生集中到一塊，若教師抓不到點子上，將輸得更慘，到那時才眞不好向學生家長交代哩！」大部分教師冷眼觀望，等著看笑話。

領導的信任，家長的期待，社會的輿論，加之在有限的備考時間內，必須交個好結果的高要求，對僅在一般中小學任教的我這個民辦教師來說猶如泰山壓頂，喘不過氣來，並一度因力微負重，精神過度緊張而徹夜不眠。

備考如打仗。眼看時間一天天過去了，學生從小學到初中學過的知識可謂浩如煙海，而這些知識都要濃縮在一份考卷上，若教師在備考時稍有疏忽和遺漏，其考試結果將是一敗塗地……當我正在冥思苦想、束手無策的時候，忽然一個極通俗的農諺湧上了我的心頭——秧好一半穀。農民種地「秧」與「穀」的關係，不正好說明我們抓備考「學」與「考」的關係嗎？其意是凡事應該掌握事物的內在規律，做到從基礎抓起。

語文教學的基本內容就是念好「十字經」，即字、詞、句、篇、點、聽、說、讀、寫、書。於是，我急中生智，將上述十個字列成一個學生知識查漏補缺表，並逐項分析到每個學生，做到對症下藥，缺啥補啥。通過兩個多月的備考實踐，效果顯著。學生萬永祥（現在省重點高中夷陵中學任教）高興地說：「喬老師，您這一招可眞的抓到點子上了啊！」

在此基礎上，我認眞地閱讀和分析了一九七七年和一九七八年兩年的中考試題。其共同特點是知識面廣、題型新、作文比分大。從某種意義上說，只要備考把握住作文題，就可以取得事半功倍的效果。如何把準中考作文題？確實並非易事。我在認眞閱讀《教學大綱》、《中考備考指南》和相關報刊雜誌的基礎上，從當時的國際國內政治經濟形勢、社會的熱點焦點問題、恢復中考後學校師生的精神面貌，以及學生的生活閱歷等方面，進行了綜合思考，擬出了《校園一角》、《我最敬愛的老師》、《給越南自衛還擊戰指戰員的一封信》等二十多個作文訓練題，進行嚴格訓練。並將《給越南自衛還擊戰指戰員的一封信》和《校園一角》擬作畢業考試的任選題。畢業考試過後，我又分別以學生袁可英（現在興山縣財政局任國庫股股長）萬永祥兩人的作文爲樣板，就文章的構思立意、佈局謀篇、巧用佳句等方面進行了認眞評講，給全班學生留下了深刻印象。

一九七九年六月二十五日，陽光明媚，掩映於青松懷抱中的瓜兒堰中學，涼風習習，氣候宜人。一年一度的寶龍公社中考如期在這裏舉行。按照中考慣例，第一科考試語文。同學們步入考場，找到自己的座位，嚴陣以待。根據老師提供的應試經驗，展開試卷之後，首先快速流覽了一下通卷各題，然後按照先易後難的原則答題，以免誤時丟分。大家最擔心的是作文題。因爲作文比分高（占百分之六十）、難度大。大概是這個原因，大家不約而同地首先盯上了作文題。一看果然是《給越南自衛還擊戰指戰員的一封信》。同學們個個忍俊不禁，成竹在胸，很輕鬆地完成了作文。

考試時間一分一秒地過去了，當我正在中考警戒線以外的考場休息室裏，急切地等待考生考題資訊的時候，教導主任曾凡林高興地來到休息室，像報喜似地說：

「老喬，你眞神啊，中考作文題和畢業考試作文題一字不差，學生完成得很輕鬆啊！」當時在場的老師們個個喜出望外，都來爲我喝彩！

一個多星期後，全縣中考成績揭曉了。我們班語文成績及格率、高分率均爲全縣之首。加上其他各科抓得很平衡，全班三十三個考生，三十二人被高一級學校錄取。

這次難得的中考備考工作，可謂時來運轉。由於教學工作成績出色，我個人的命運也開始有了新的轉機：先後光榮地出席了縣、市教育工作「先代會」；「三個抓住不放」的教學經驗，在全市推廣；一九八〇年春順利地由民辦教師轉爲國家正式教師；同年，根據工作需要，調任爲寶龍公社文教組師訓員兼教研員；一九八一年九月光榮地加入了中國共產黨；一九八四年春，調任黃糧區教育委員會主任職務。從一九八〇年到一九八四年的五年，是我躍上一個個新臺階的五年，是我經過二十年奮鬥拼搏以後，取得大豐收的五年。

難忘的不惑之年啊！正如有些知情者議論我的那樣，從此，可謂口渴巧逢甘泉水，行船恰遇順帆風！幾十年的摸爬滾打終於結束了我靠山山崩，靠水水混，前無幫手，後無救兵，青蛙看見你鼓眼睛，石頭砸到你的腳後跟的悲慘歷史！

（注：結束語引用的這段話，係武當山的籤語中對我四十歲以前命運的概括之語。）

治教「三招」

彈指一揮間。在我四十三年的教育生涯中，有三十八個寒暑是在鄉下度過的。回首許多往事，有苦有樂，有貶有褒，唯有治教「三招」至今難以忘懷。

一九八四年三月四日上午，縣教育局局長段家吉專程到我當時工作的單位——寶龍公社教育組，找我談話：「根據撤社並區的需要，組織上研究決定由你擔任黃糧區教育委員會主任職務。黃糧是我縣規模較大的區，全區有五十四個校點（其中初中六所），三百二十名教職員工，三千三百多名中小學生，上年初中統考全縣倒數第一，小學統考全縣倒數第三，校舍危房面積占全縣的五分之一……老喬啊，區教委主任是一個接受條塊雙重領導的特殊職務，別看它官不大，責任可不小啊！」段局長的一席話，對剛進入不惑之年的我來說，可謂字字千鈞！

組織的信任，群眾的期望，個人的榮辱，無不使我深感任重道遠！

三月六日，我帶著行李到新成立的黃糧區政府報到。區長黃德明接待了我。他——昔日的同事，今日的頂頭上司，可謂緣分。黃區長因爲工作忙，只簡單地提了幾點工作要求，其大意是要我不怕困難，樹立信心，多動腦筋，創造性地開展工作。他的話，嚴肅而肯切。

俗話說：萬事開頭難。上任伊始，工作千頭萬緒。我按照毛澤東同志沒有調查，就沒有發言權的教導，決心用一個月的時間，深入到全區每一所學校，進行調查研究，以取得第一手材料。

黃糧區方圓九百里，人口兩萬餘，全區五十四所中小學分佈在七溝八梁一面坡上。我和教研員沈國禎穿著解放鞋，背著工作包出發了。從三月十八日到四月十五日近一個月時間裏，從全區海拔最低、傳說古時候孔夫子在那裏辦過學的孔子河小學，到全區海拔最高，傳說李來亨曾帶領農民起義軍在那裏安營紮寨的百城小學，行程三百多公里。每到一校除了聽課以外就是分別召開教師、家長和學生代表座談會，傾聽大家對教育的意見和要求。

調查中，我們發現全區有十八所學校校舍東倒西歪，屬一、二級危房。有的教室窗戶是用破土磚堵塞用來遮風擋雨的。學生的課桌、凳，大部分是從家裏帶來的。有的是學生的媽媽娘家陪嫁的紅抽屜，有的是家裏吃飯用的小方桌，有的是家裏殺豬用的長條凳。有三所學校因校舍年久失修，天穿地漏，遇到下雨只能停課放假，群眾意見紛紛……

不少教師長期不備課，在課堂上隨心所欲，批改作業只寫了日期；有的教師把家喻戶曉的「曉」寫成了「小」；把牡丹花教成了「壯舟花」……

由於山高皇帝遠，不少單班學校，長期無人管，教師成了「五子」教師，即種園子、引娃子、養狗子、拴獐子、打兔子。有一所學校爲學生蒸飯的甑腳水裏，一隻老鼠早已被煮得只剩下一架骨頭和幾根鬍鬚，仍在給學生蒸飯。

人命關天的破舊校舍，誤人子弟的人民教師，無不使人觸目驚心！

面對如此的教育現狀，應從何抓起呢？俗話說，新官上任三把火。這「三把火」究竟如何燒？大家議論開了，有的說，學校是危房的，乾脆停課放假，什麼時候危房排除了，什麼時候復課，不然我們學校這些小蘿蔔頭，遲早要進公安局；有的說，對教師的管理要約法三章，以罰爲主，不要姑息遷就。對工作嚴重不負責任，而且屢教不改的教師，爲什麼不能報請上級開除幾個？這樣可以殺一儆百嘛！難道這「三把火」就這樣燒嗎？我思考再三，還是審時度勢，謹慎行事爲好。

大而言之，得民心者得天下；小而言之，得人心者，事竟成。在區黨委、區政府首次教育辦公會上，我全面匯報了全區的教育現狀，並提出了堅持「以人爲本」，堅持品質、創收「兩手抓」的工作思路，即治教「三招」。得到了區黨委、區政府領導的一致同意。

一、抓認識，促辦學條件改善。

毛澤東同志教導我們：政治路線確定之後，幹部就是決定的因素。教育如此落後，說到底是領導者的辦學觀念落後。不少人錯誤地認爲，農村學校自古以來，教出來的學生就應該同農民一樣，只要能認幾個字，不受人欺負，窮一點，苦一點是天經地義的，何談服務育人，環境育人？

焦裕祿同志說得好，榜樣的力量是無窮的。爲了首先解決一些領導同志的辦學觀念問題，樹立再窮不能窮教育，再苦不能苦孩子的思想，我們首先選擇了三個有代表性的學校爲樣板，將經驗輻射全區。

一個是經濟條件較好的劉家壩村。村長談啓艾搞工作有膽有識，村裏靠辦磚瓦廠賺了幾萬元錢，並且有大量的餘磚剩瓦，完全有條件建一棟像樣的教學「小洋樓」。我就講什麼「爲官一任、興教一方」，什麼人活世上要做三件大好事，如修橋、補路、辦學堂啦，等等。一番鼓動人心的話語，使談村長感動了。他當場拍板：「只要組織上支持我們，我們一定下最大的決心，爭取三個月以內把全區第一棟教學小洋樓建起來。」

樹立的第二個典型是經濟條件較差，但村黨支部書記鄒志樹比較開明，加之他的女兒又在所在學校教書，望女成鳳心切這些有利因素，通過一番政治攻勢後，向他提出了「牆白地面平，油漆玻璃窗，課桌板凳一個樣」的辦學要求。我表態：你們若能按時完成任務，發給獎金一千元。一千元雖不足掛齒，但在當時還是有一定誘惑力的！鄒書記沉思良久，終於表態了：「俗話說，人爭一口氣，佛爭一柱香。整修學校是大好事，我們保證不拖全區的後腿。」

第三個典型是柏嶺小學。該校在校長舒德發的帶領下，堅持一手抓教學品質的提高，一手抓勤工儉學收入，學校辦得有聲有色。上述三個典型各具特色，相得益彰。

六月二十八日，晴空萬里。經過充分籌備的黃糧區教育工作現場會召開了。參會的全區區直機關負責人、生產大隊書記、大隊長和小隊隊長及各學校負責人共二百多人，在黃糧區區長黃德明親自帶領下，浩浩蕩蕩地前進在崎嶇的山路上。每到一校，大家一邊參觀現場，一邊聽典型介紹，與會者個個心服口服。一向性格倔強愛發牢騷的老支部書記甘明政說：「這個教育現場會，用自己的典型教育自己，很有說服力，這一招眞絕啊！下一次現場會，哪怕山高路遠，把你們請上我們百城小學去開。」一番話，說得大家哈哈大笑！

黃區長在大會總結時嚴肅地說：「關於學校改善辦學條件和鼓勵支持學校發展勤工儉學問題，俗話說，話說三遍穩，蔑捆三道緊，麻繩子捆了使水噴——緊上加緊！我們不僅要唱『讚美歌』，還要念『緊箍咒』。全區每一個村和學校都要向區政府簽訂責任狀，限期完成任務，我們將拿出兩萬元獎金，獎勵建校有功者。」

領導的重視，典型的推動和誘人的獎金，在不到一年時間裏，全區中小學順利地實現了「一無兩有」，即校校無危房，班班有較標準的教室，學生人人有規格的課桌凳。落實學農基地三百六十多畝，爲學校勤工儉學創收奠定了基礎。黃糧區的這一辦學經驗很快在全縣得到了推廣。

二、抓創收，促教師地位的提高。

俗話說，人窮志短，馬瘦毛長。由於長期受極「左」思潮的影響，把教師看作「臭老九」（即把教師排在地主分子、富農分子、反革命分子、壞分子、右派分子、叛徒、特務、走資派等八種專政對象之後）。曾在社會上這樣嘲笑教師：「穿的補巴鞋，背的旱煙袋，衣服垢痂流（即髒的方言），頭髮像碗蓋（農村無理髮師，只是用剃刀把周圍的頭髮剃光，上面的留著，像個碗蓋）」。幾句順口溜雖然有些過分，但從一個側面反映了農村教師師表形象之差和社會地位之低。我們無不感到羞愧。

究竟如何提高教師的社會地位？作為區教育委員會，除了不折不扣地貫徹上級有關政策外，就是要堅持物質是第一性的觀點，堅持以人為本，積極的思想教育同適當的物質刺激結合起來，視教師為主人、為朋友，方能湊效，否則只是一句空話。這就是我們確定第二招的理論依據和基本目的。

一朝被蛇咬，三年怕草繩。開始提出教育也應創收的觀點時，不少人心有餘悸，怕這怕那。於是，我們從教委機關做起。我們把原來農機站的舊廠房租過來，辦起了油脂加工廠、經銷店，還貸款買了一輛大貨車，一邊跑運輸，一邊為全區的師生服務。接著將界牌埡村早已荒蕪的幾十畝茶園接過來進行開發改造。七月盛夏，驕陽似火。我們利用暑假集訓的機會，調集全區三百多名教師到界牌埡茶場參加義務勞動。大家挖的挖、割的割、修的修，幹得熱火朝天。茶園由界牌埡中學和教委共同管理。這樣奮戰了兩年時間，四十多畝荒園重新披上了綠裝，年產乾茶一千多斤。我命名的「昭君銀針茶」獲省級獎勵。當時有不少客戶向我們訂貨，他們哪知這是一個規模較小的校辦企業，產量有限，只好婉言謝絕了。教委原來每年的接待費達三萬多元，爲了肥水不流外人田，我們騰出機關一樓，辦起了餐館和小賣部，不僅增加了經濟收入，同時改善了機關工作人員的生活。一個老會計說：「領導天天把我們當客人，我們眞有些不過意啊！」

在區教委的帶動下，全區所有學校都落實了勤工儉學項目，一些百人以上的學校還辦起了小菜園、小果園、小藥園、小茶園、小賣部。全區上下，一個一手抓教學品質，一手抓經濟創收的熱潮基本形成。經過兩年時間的努力，全區勤工儉學純收入由原來的三千兩百多元，上升到八萬四千多元，受到了縣、市的表彰和獎勵。

有錢好辦事。提高教師地位，激發大家的工作熱情，再不是像以前靠那樣嚴厲的批評、枯燥地說教了。教師節，我們開著大彩車，組織鼓號隊，張燈結彩，鳴放鞭炮，把老師們接到政府禮堂開慶祝大會，請領導作報告，給先進單位和個人頒發獎金和榮譽證書。凡是參會的每人都有一份紀念品。這樣既擴大了對教育的宣傳，提高了教師的社會地位，同時調動了廣大教師的工作積極性。滿頭銀髮的孫開鼎老師激動地說：「我教了四十多年書，從來未享受過這樣的待遇，可惜我早出世了幾十年喲！」爲了調動方方面面的積極性，我們還分別召開了教師「半邊戶」家屬經驗交流會和外籍教師（家在興山縣外的）、模範教師、退休教師以及尊師重教先進單位和個人表彰會、座談會等，請他們暢談體會，對他們賓客相待。爲了擴大教師的知識視野，每年利用寒暑假，分期分批組織模範教師和老教師赴北京、上海、南京、蘇州、杭州、西安、重慶等地觀光旅遊。爲了教師的健康，撥出專項資金給教師進行體檢，並給每個教師建立了《健康檔案》。老師們感慨地說：「區教委領導比我們的父母還想得周到！」

政治的鼓動，物質的獎勵，爲教師辦好事實事的具體措施的實施，激勵了廣大教師的工作熱情，教師在社會上揚眉吐氣了，人們不得不刮目相看。同時，湧現出了一大批愛崗敬業、無私奉獻的好教師。黃糧中學校長余運武還被評爲全國教書育人先進個人。黃區長在一次總結會上高興地說：「教委這一招眞抓到『家』了！」

三、抓管理，促教學品質的提高。

改善辦學條件和提高教師地位的落腳點是促進教學品質的提高。然而，教育是一門科學，如何全面提高教學品質，冰凍三尺，非一日之寒。於是，我們採取了三條措施。

一是採取層層抓，抓層層的辦法，把教學管理落到實處。備課、上課、批改作業、輔導學生、考試考核，俗稱教學「五環」。歷史的經驗告訴我們，「五環」是相互聯繫的，若不強化管理，環環相扣，就會放任自流，導致教學上的惡性循環。我們根據學校類型及分佈情況，分成中學、區中心小學、學區中心小學、村級中心小學和單班學校等五個層次，分別成立教研組，並指定專人負責抓「五環」管理，區教委定期組織檢查和考核，這樣從根本上杜絕了教學上的隨意性和盲目性，增強了教師的責任感和緊迫感。

二是上下聯動，夯實基礎，苦練教學內功。俗話說，臺上一分鐘，台下十年功。每年我們除安排專項資金鼓勵教師參加學歷教育和業務培訓外，還通過現場觀摩、現場表演、演講比賽、抽籤答題、板書比賽、自製教具展覽等形式抓教師基本功達標，對優勝者實行獎勵，對不達標者進行跟蹤輔導直到達標為止。

三是立足教改，狠抓教研。在知識爆炸的當今時代，作為上層建築的教育，如何面對現實，幫助教師更新教育觀念，提高業務水準，不斷改進教學方法是全面提高教學品質的重要前提。這一點我們的教訓是十分深刻的。於是，我們引導教師在學習教育理論的基礎上，以區重點中小學為試點，著力推行「讀書指導法」、「發現法」和黎世法教授的「非同步教學法」。爲了把教學改革引向深入，我和沈國禎同志經常深入中小學上教育理論輔導課，教改「下水課」和「示範課」，堅持和老師們一起學習，一同研究，有時老師們爲一些教學問題爭得面紅耳赤，教改教研氣氛十分活躍。教委一班人爲了全面瞭解教改的落實情況，規定每人每年聽課不得少於一百節（財會人員除外），每月由教研員負責對「聽課卡」進行檢查統計，年終總結時，納入年度德、能、勤、績的工作考核。從制度上約束了個別同志到學校不深入課堂，大而化之的不良工作作風，並要求業務人員都要帶頭撰寫教改教研論文。

我撰寫的〈聽課小議〉小論文，曾在縣獲一等獎；〈從山區實際出發，堅持教學改革三個不放過〉的經驗，在市級教研先代會上交流。實踐證明：堅持用教育理論指導教學實踐是抓好教學的唯一途徑，身體力行，致力教改才是提高教學品質的有效方法。

一份耕耘，一份收穫。回首我在黃糧教委任職的十三年裏，大體經歷了兩個階段：一九八四年至一九八六年的三年爲端正思想認識，夯實工作基礎階段；一九八六年至一九九六年爲同心同德，大幹快上的興旺時期。除學前教育、基礎設施、師訓工作、業餘教育、勤工儉學等專案經省、市、縣驗收達標外，中小學教學品質綜合評估獲得全縣「十連冠」的最佳成績，多次受到上級的嘉獎，在黃糧一帶傳爲佳話。

冒雪查校

在海拔一千多米的仙侶山腰，有一個一到三年級的單班小學——彭家墩小學。全校有二十四個學生，教師是在當地聘請的一個農村回鄉知識青年。

一九八四年春，我在黃糧區教委任職不久，就收到一封群眾來信。大致內容是反映這所小學，教師工作不負責任，學校經常隨意停課放假，紀律渙散，教學品質低下，群眾意見很大。

接到來信後，我去找該學輔區負責人瞭解情況，某校長直言不諱地說：「這個教師是個民辦教師，家庭經濟比較困難，家務事多，學校經常隨意放假的情況完全屬實。前任領導早就準備把他辭退，像此類情況，全區還多著哩！若不採取點硬措施，學校管理工作眞難於打開局面。」

建立正常的教學秩序，是對學校管理的常規要求。若一所學校連基本的教學時間就得不到保證，何談辦學育人，提高教學品質。而且這類學校多地處山大人稀的邊緣地帶，天高皇帝遠，完全靠行政手段，用殺雞赫猴的辦法來實施管理，不僅不能持久，而且有損於教師的自尊心，使教師在群眾中抬不起頭來，有的甚至會破罐子破摔，其效果不一定很好。毛澤東同志說，沒有調查，就沒有發言權。我決定先深入實地來個明查暗訪，把情況弄清楚了再說。

秋去冬來，這一年初冬的第一場雪就下得很大，仙侶山一帶早已冰天雪地，寒氣襲人。

俗話說，急難見真情。

這天是星期二，一大早我就起了床，準備專程去彭家墩小學搞一次教學視導。一來看看高寒地帶單班學校在這樣惡劣的氣候條件下師生的學習和生活情況；二來實地瞭解教師是否真有擅離職守，隨意停課放假的現象，好對群眾的信訪有個交代。

因爲坡陡路滑，我特意找來兩根細草繩把腳一纏，戴了一頂舊草帽（因雪下得很大），拄著一根竹棍棍，直奔彭家墩小學。

一路上，因路面積雪太厚，僅能看見一串串野獸走過的足跡，好不容易爬上去，又被溜了下來，不到八公里的路程，就這樣一溜一滑地足足走了兩個多小時，額頭上的大汗不住地往下流。

到學校一看，果然不出所料，學校空無一人——又放假了。學東田質鏡聽到外面的腳步聲，推門探望，原來是我一個人站在校門口，他十分驚訝地說：「唉呀，喬同志，這麼大的雪，你今天是怎麼爬上來的呀！眞是稀客呀！快到屋裏來烤火。」

田質鏡，六十歲上下，過去上過私塾，寫一筆好字，說話聲音爽朗，話中喜歡帶些「之乎者也」什麼的。因爲他早就知道我也愛好書法，首先就以寫對聯爲題，把我奉承了一番，接著說：「孔夫子說過，養不教，父之過，教不嚴，師之惰。我們這個學校啊，因爲老師家裏有困難，喜歡三天打魚，兩天曬網，學生的學習耽誤太大，你們領導是應該好好地管一管吶。不然，這些娃子到中心小學去讀書，只怕跟不上班羅！喬同志，你莫見怪，我這是狗子咬老鼠子——管淡閒事。」說完又深深地叭了幾口旱煙。

我一邊喝著熱茶，一邊傾聽著田老頭的意見。覺得群眾反映的情況，確實不假。我十分慚愧地向他作了一些解釋工作。

熊熊的火，把整個屋子烤得暖烘烘的。

我站起身來，準備告辭。哪知老田趕緊把我的手拉著不放，大聲說道：「俗話說，山不轉路轉，你今天冒著大雪，光臨薄地，增廣賢文不是說得有嗎，相見不飲空歸去，洞口桃花也笑人吶！今天雖然彭老師不在家，我能讓你空進白出嗎？莫見外，就是一個臘肉火鍋，我倆好好喝幾杯，禦禦寒，再回去不行嗎？

我愉快地接受了田老頭的盛情款待。

第二天，雪後初霽，彭家墩小學恢復了正常的教學秩序。彭老師從田老漢那裏知道了我冒雪查校的全部情況後，無不捶胸頓足，提心吊膽——縣官不如現管，看來這次我在全區當壞典型當定了，彭老師懊喪著。

當日放學以後，彭老師就氣喘吁吁地跑到區教委，又是承認錯誤，又是表示決心，一定整改，說著說著，後悔的淚水奪眶而出。

目睹此情此境，我沒有吹鬍子瞪眼，更沒有高聲訓斥，而是心平氣和地對彭老師從一個人民教師的歷史責任，人貴慎獨的做人道理和教育事業今後的發展前景等方面對他進行了耐心的教育和深情的開導。

彭老師感動了，臨別時，我緊緊地握住彭老師的手，僅說了四個字——我相信你！

打那以後，彭老師痛下決心，克服重重困難，認眞履行自己的工作職責，節衣縮食，購買了不少業務書籍，刻苦鑽研教學業務和新的教學方法，教學品質大幅度提高，區教委也及時抓住彭老師的點滴進步和學校所取得的成績，予以表揚和鼓勵。彭家墩小學，昔日的後進學校一舉成了全區聞名的先進單位。彭老師不僅民轉公，並調任村級中心學校負責人，還被評爲縣、區先進教育工作者，彭老師出名了！

熱情好客的田老漢早已離開人世，我也離崗退休。後來，彭老師一見到我總要拉著我的手感激地說：「喬主任，我有今天，還是那個時候多虧您對我的鞭策和教育啊！」

可見，一個基層的教育管理者，常與大大小小的知識份子打交道，始終堅持以人爲本的工作理念和與人爲善的處事原則是多麼重要啊！

鴻福齊天

馬克思主義哲學告訴我們：物質是第一性的。

在過去窮國辦大教育的年代裏，勤工儉學成了緩解學校辦學經費不足和師生生活困難的主要措施之一。

勤工儉學，顧名思義，就是利用學習以外的時間參加勞動，把勞動所得作為學習生活費用的補充。

從一九八四年至一九九六年，我在黃糧鎮教委會任職的十三年間，在教育經費十分緊張的情況下，一直把勤工儉學工作當作法寶，千方百計地通過為學校創收來提高教師的福利待遇和解決部分貧困生「上學難」的問題。曾一度，我們在學校開展的「七小」活動（即小農場、小秋收、小藥園、小茶園、小商店、小製作、小養殖）受到縣、市財政和教育行政部門的表彰。以抓校園經濟促教學品質大幅度提高的經驗，在縣內也小有名氣。

窮則思變的拼搏精神，終於感動了「上帝」，勤工儉學得到了各級領導的高度重視和大力支持。

一九八七年，黃糧鎮政府爲了支援我們開展勤工儉學工作，毅然將界牌埡原農機站一棟通脊七大間的大廠房無償地支援給教育開辦糧油加工廠，順便經營學生學習用具和一些小百貨，儘量做到肥水不流外人田。這一招，當時對增加教育經費收入，可謂「吹糠見米」。每年除了免費給全區教師提供一些食用油以外，還可以獲得幾萬元的現金收入。正如有些老師說的那樣，舊廠房也成了教育的「搖錢樹！」

廠長王大付，四十多歲，雖然文化水準不高，但很有經濟頭腦和經營能力。爲了辦好這個廠，他常年堅持以廠爲家，積極開動腦筋，增加創收項目，擴大經營範圍，經常不辭勞苦，翻山越嶺，親自爲學校劃玻璃，搞安裝，送百貨……人家稱他爲教育戰線「針尖上削鐵」的紅管家，勤工儉學的貼心人。

人盡其才，地盡其利是一個企業經營者的基本理念。王廠長爲了有效地發揮舊廠房的空間優勢，增加了一個新的創收項目——放電影。他想，這樣既可以豐富農民的文化生活，解決觀眾露天看電影的風霜之苦，又可以爲廠裏增加些收入，雖然票價不高，羊毛雖少，湊毛成氈嘛！是一樁一舉兩得的好事。

誰知天有不測風雲，未過多久，一個意想不到的情況發生了。

一天下午，夜幕即將降臨，人們吃過晚飯以後，都習慣地陸續到電影放映點購票看電影。因爲那天放的是《洪湖赤衛隊》，大家都喜歡看，大約賣了一百二十多張票。

七點半鐘左右，距離正式放映的時間約差半個小時的時候，放映員在大門外正準備檢票入場時，忽然聽見廠房（放電影的地方）屋頂上「啪啪」響了幾聲，一看，屋樑突然斷了兩根，接著，屋上的檁子、椽子、擱木和瓦片，像推磨似的塌了下來。霎時，雷鳴般的響聲夾雜著一股濃濃的煙霧直衝上空——廠房倒塌了！

當我們趕到出事的現場時，天啦！昔日的大廠房一時間竟成了一片廢墟！斷裂的木料橫七豎八，破碎的瓦片遍地皆是，並不時地發出一股難聞的臭氣。王廠長站在那裏，呆若木雞。聞訊趕來的群眾，先是面面相覷，接著便紛紛議論開了。這個說，閻王爺眞是有眼睛啦，再晚半個小時，看電影的一個也逃不脫，後果不堪設想啊！那個說，我剛把票買到手，幸虧還沒進去，眞是命不該絕呀！還有的說，說個迷信話，眞是生死有命，富貴在天啦！……

暗淡的月光，灑落在這片目不忍睹的廢墟上，顯得格外淒涼，圍觀者的議論像一聲聲警鐘，在告誡我們，安全生產，重於泰山！人命關天，非同小可！

當晚，爲了工廠的財產安全，我和王廠長同睡在一張露天的舊床上，躺在那裏，驚魂未定，浮想聯翩，恍恍惚惚等到天亮。

黃楝樹小學的魔影

在高嵐風景區眺望「臥佛」奇觀的觀景台附近，有一個約二、三十戶人家的小村落。該地氣候溫和，土質肥沃，周圍的樹木長得格外茂盛，一棵千年古樹——黃楝樹，像一把碧綠而又巨大的遮陽傘，點綴其間。一群群活潑可愛的小朋友常在這棵大樹下嬉戲、追逐……這裏的一所小學因此樹而得名——黃楝樹小學。

這個學校一個教學班，一到三年級共二十多個學生，執教的是一位女教師，名叫劉順民。

劉老師三十歲上下，中等身材，圓潤的臉龐常露出慈祥的笑容，講課聲音洪亮，教態和藹可親，同學們都很喜歡她。

說來也怪，天有不測風雲，校有旦夕禍福。

一九八九年九月七日，早晨陽光明媚，午後烏雲密佈。人們怎麼也沒有想到，一場驚心動魄的橫禍忽然降臨於這位文靜、樸實的女教師身上。

下午學校放學以後，喧嘩的校園突然顯得格外寂靜。

過了一會兒，山上的小鳥嘰嘰喳喳叫個不停，它習慣地告訴人們，黃昏快要過去，夜幕即將降臨。

大約七點鐘左右，劉老師正準備關門開燈，給學生批改作業時，忽然隱隱約約地發現門口有個人影在晃動。劉老師定睛一看，糟了，果然從門口闖進了一個彪形大漢。他身著一套土黃色衣服，頭上包著黑布，黑布上面開了一個小洞，一雙黑裏透紅的眼珠露在外面，手持一把約七寸多長的尖刀，刀刃閃閃發亮，正一步一步地直向劉老師逼近。三米，兩米，一米……當尖刀快要接觸到劉老師的胸口時，劉老師早已嚇得魂不附體，直打哆嗦。用顫抖的聲音說：「你你你……想……幹什麼？」歹徒把牙齒咬得咯咯直響，像是從牙縫裏擠出一點聲音：「要……錢！」劉說：「有話好說，你千萬別動武！」歹徒急不可奈地故意使勁把尖刀往門框上一戳（後來破案時還發現了刀戳的痕跡）說道：「你是要錢，還是要命？」「你要多少？」劉問道。歹徒把手一伸，意思不知是要五十元還是五百元。劉老師忽然想起他抽屜裏還放有四百多元公款，她想，看樣子，今晚不給他把點錢，不僅命難保，四百多元公款也許保不住，便急中生智，掏出五十元錢遞給了歹徒。說道：「你我無冤無仇，你就刀下留情，饒我一命吧！」

歹徒畢竟做賊心虛，害怕周旋的時間太長了，會被人發覺。僅對劉說了句：「小心點，不准亂說！」說完，歹徒抓過錢，持著刀一步一步地退了出去。

從此，劉老師患上了較嚴重的精神恐怖症。

後來，根據歹徒歸案後交代，他離校以後，爲了毀滅罪證，連夜跑到學校房後的岩洞裏，將作案時穿的衣物，淋上汽油，全部燒掉了。後經公安部門查勘，作案證據僅留下一堆灰燼和一把尖刀。

案發以後，引起了各級領導的高度重視，公安部門僅在三天內將此案告破。立即將罪犯嫌疑人張某某捉拿歸案。張對犯罪事實供認不諱。同年十月，罪犯張某某判處有期徒刑七年。

善有善報，惡有惡報。罪犯張某某雖然受到了法律的制裁，但是，今後應如何強化師生的防範意識，維護師生的生命財產安全，使學校這塊淨土不受侵犯，當時對我這個基層教育單位的領導者來說，無不感到壓力重千斤，任重而道遠！

立碑之聯想

樹有根，水有源。活著的人，爲已故的親人豎碑立傳以示紀念，是世人的一種傳統習俗。這樣做，並非亡者在九泉之下眞的能得到什麼享受和慰藉，也並非顯示出立碑者的富有和虛榮。因爲一個人從出世牙牙學語，到長大成人，監護人不知要爲其付出多少汗水和心血，焉能知恩不報？

人事有代謝，往來成古今。事實證明，用豎碑立傳的形式，既能寄託生者對亡者的哀思，同時也是對後輩的一種敬老教育。

基於上述觀點，我從不惑之年就開始籌畫此事。

一九九一年至一九九七年這七年間，先後牽頭爲祖父母、外祖父母、繼祖父母、父母、二舅父及胞弟等十位已故親人立了碑。回首這段往事，我深切地感受到在立碑的過程中，從構思立意到撰寫碑文；從組織施工到擇日刊立，無不觸景生情，含悲忍淚，伴隨著對這些親人生前的生平事蹟、性格特點及音容笑貌的追思和聯想。

祖父嚴昌鼎，字新吾。在同胞姊妹中排行第三，大家敬稱他爲「三老闆」，是一個念過儒書的小知識份子。中等身材，面容清瘦，性格善良，對人厚道，未幹過任何僞事。因其二子先後英年早逝，暮年貧病交加，於一九五〇年春，趁家人不備，自縊而亡，享年六十歲，就地簡葬之。

我是爺爺的長孫，爺爺對我十分寵愛，特別是對我的品德教育和文化學習特別嚴格。有一年冬天下了一場大雪，他有意識地把我帶到門前觀賞雪景，邊教我詠雪詩：雪花分六出，先兆豐年，雪花峻嶺山戴孝等等。有時一邊教我背漢字書法要領：「橫平豎直，點如瓜米，撇如刀」，一邊手把手地教我練毛筆字。有時還教我背誦「九九乘法口訣」和「斤求兩，兩求斤口決」，如「一退六二五、二一二五……」並手把手地教我打算盤。什麼「三遍還原」、「七遍還原」、「六百六十六」等，至今我還記得滾瓜爛熟。逢年過節，爺爺爲了使我們不忘先祖，耐心地教我們學寫「包袱」（用火紙做成的祭品），並詳細地講解寫包袱的格式和稱呼。做包袱、寫包袱、化包袱（即燒）是爲了緬懷已故親人，寄託哀思。後來我才明白，每逢佳節倍思親的含義。一個從小就失去父愛的我，當時競能得到年邁的爺爺對我的諄諄教誨，這個機會是何等的珍貴和難得啊！

祖母黃氏，是興山縣水月寺龍頭坪名門望族的後裔。她中等身材，一雙小腳，說話知情達理，對人和藹可親。因老年喪子，極度悲傷，於一九四八年七月在水磨溪老宅病故，享年六十有加。祖母歿後，其後事全由我母親主理。按照當地習俗，請道士數十人，揚幡掛佛，做齋三天，衣棺齊備，根據老人的遺願，安葬於嚴家埡子。

我爲代父盡其孝心，鑒於祖父墓地不詳的特殊情況，只好併遷標於祖母墓地，以示「合葬」，於一九九六年七月，於蒼松翠柏之中，立碑一座（其孝外孫肖興中贊同此舉，欣然出資兩百元，以示奠祭）。有碑聯曰：風松水月景，虎嘯龍詠聲，橫批是：佑啓後人。

家父嚴大容，字慕陶。一九一三年三月十九日生於興山縣深渡河村老宅。不幸於一九四八年三月患「對口」瘡疾，被迫離校還鄉醫治，因醫療條件所限，同年四月病逝於水磨溪老宅，享年陽光三十五歲，就地安葬之。

吾父自幼天資聰穎，性格豁達開朗，言談風趣，與人爲善。高中文化，尤擅長國文，喜愛京劇清唱，常於酒後肴餘，在家中談笑風生，博得親友們的讚許。

父親青少年時代，曾跟隨其兄嚴大志（我的伯父）赴蘇杭求學，高中畢業後還鄉，在宜昌與母親完婚。隨後，在其堂弟嚴大棨（我的堂叔）的關照下，從事小學教育工作。先後在縣簡師附小、城關小學、龍池中心小學任教。曾任學校訓育主任等職。他愛生如子，嚴生如父，深受學生和家長的好評。

吾父雖出身於嚴氏望族之家，但不像有些紈絝子弟，終日花天酒地，吃喝玩樂。他極端厭惡不勞而獲的寄生生活，無視高官厚祿，毅然離家從教。不畏山高路遠，樂於學校的清貧生活，做一個自食其力的勞動者。父親這種典型的「人梯」和「蠟燭」精神是永遠值得我們後輩學習的！

痛惜的是，家父英年早逝，我尚幼小，未能得到父親更多的教誨和關愛。以致守孝不知紅日落，思親常望白雲飛。爲報答家父養育恩德，特於一九九一年三月爲父立墓碑一座，以示紀念。

根據吾父生前的職業特點和遺願，撰挽聯一副，曰：一世辛勞培桃李，畢生致力爲教育，橫批：百世榮昌。

母親余明珊，一九一九年農曆二月生於興山縣余仕坡書香門第，因恙亡於一九六〇年七月，享年四十一歲。

吾母在同胞姊妹七人（三男四女）中排行爲首。自幼讀書，受過嚴格的「三從四德」的倫理教育，爲人善良，勤勞儉樸。雖爲婦孺之輩，但心胸豁達開朗，處事堅決果斷，素有「女有男才」之讚譽。

二十世紀四〇年代初，我還是幼兒時，因母親厭惡家庭收租吃飯的剝削生活，毅然將我過繼給伯母邱蘭洲，隻身遷往半高山的水磨溪莊屋安家落戶，一邊不辭勞苦，領耕務農，一邊支持吾父安心從教，過著清貧的農家生活。

一九四九年七月，家鄉解放以後，母親終因我家祖輩有收租爲生之嫌，理所當然地被劃爲地主成份。在吾伯父、生父相繼英年早逝的情況下，首當其衝的受到歷史的懲罰。

一九四九年至一九五二年的三年間，我祖父母、父親和伯母不幸相繼去世。突然間，政治上的打擊，經濟上的貧窮一齊壓在了母親一人肩上。她忍辱負重，孤獨無援，支撐著這個支離破碎的家。後來環境更加險惡，糧食斷絕，一家人在死亡線上掙扎。爲了保住幾條命，她被迫先後與張美玉（四川）、桂榮華（四川）、喬會昌（秭歸）結婚。但是，事與願違，這幾個男人並沒有承擔起應有的責任，根本不管孤兒寡母，使母親大失所望，以至積勞成疾，貧病交加，於一九六〇年在劇痛和絕望中去世。

追憶吾母一生，既短暫且寒酸，可謂苦命人。在孤獨無援的情況下，他既要贍養二老，又要撫育六個孩子（二男四女），加之社會的政治壓力，其悲苦程度是不言而喻的。

遺憾的是，可憐的母親，沒有等到黨的十一屆三中全會的召開，沒有獲得政治上的解放，沒有過上一天舒心的日子，沒有看到兒孫事業學業的成功，就與世長辭了！

母親，偉大的母親，你雖然早已離開了人世，可是你老人家面對困苦，百折不撓；培育子女，嘔心瀝血；對待親友，和睦友善的偉大精神將永遠活在我們心中！

一九九一年七月，爲報答母親的深恩，特立石碑一座。用隸書撰寫的花落萱幃春去早，光寒婺宿夜來沉的碑聯，顯得格外嚴肅莊重。從此，墳塋的青杉翠竹異常繁茂，它象徵著慈母青春常在，懿德永存！

外祖父，《興山縣教育志》人物傳略中，有如下記述：「余文炯，字白明（一八六六～一九五二）。省立測繪專業學校畢業。興山余仕坡人氏。係清朝光緒丁酉科拔貢余志烈之後裔。一九二八年至一九三〇年於興山古夫龍珠私塾任教。

一九三三年至一九三六年縣高等小學任教。一九三七年至一九四二年在家教改良私塾，短期小學任教。一九四三年至一九四五年在佘仕坡中心小學任教。」

抗日戰爭爆發後，外祖父因在武昌被日寇的炮彈將其雙耳震聾，抱病還鄉。

解放以後，鑒於家庭曾有剝削史，劃爲地主階級，被迫遷居於店子埡磨基山寺廟居住，直至病故，就地簡葬之。

外祖父自幼生性善良，聰明過人，博學多才，終生從教，桃李盈枝。在他老人家的薰陶下，先後有我的大舅佘明章、三舅佘明達、二姨母佘明瑚、五姨母佘明玉均從事教育工作，可謂教師世家。

外祖母錢氏（生卒時間不詳），性格開朗，潑辣大方，處事果斷，女有男才，故爲大家庭之主婦。解放後，遇意外而亡，於老宅就地簡葬之。

一九九七年春，吾舅父佘明章、佘明達、姨母佘明玉三人商議，各籌資五百元，我籌兩百元，由其孫佘祖權、佘祖威設法將其祖母的遺骨運往磨基山，與其祖父合墳。由我領首於同年清明節立碑一座，以示紀念。

立碑那天，年近八十高齡的賀元修老師，因曾經是我外公的學生，也聞訊趕來，帶著香紙前來參加立碑的祭祀活動。他十分虔誠地在墓碑前燃香點燭，恭恭敬敬地向已故的「二老」三叩首，在場的人，無不爲之感動。

二舅父余明英（一九二五～一九九二）出生於書香門弟。生性直朴敦厚，聰明過人，高中文化，擅長音樂。青年投筆從戎，二十世紀四〇年代末加入中國人民解放軍，曾任西北軍區文工團副排級幹部。一九五四年復員還鄉；次年，於興山縣寶坪村與舅母王玉芝結婚，生有一女，名余波。後因社會及家庭的多種原因，夫妻離異。在孤獨無援的情況下，於一九六〇年，欣然接受我的邀請，到我家居住，共度荒年。

一九八五年，經多方努力，進入黃糧敬老院安度晚年，直至一九九二年二月病逝，享年陽光六十七歲。

舅父雖出身顯貴，但命運欠佳，一生可謂懷才不遇。在長期的生活和學習中，與外甥我結下了深厚情誼。生前，我爲其提供生活條件，死後，仍由我爲其主辦喪事，可謂親朋雲集，熱鬧非凡。安葬於黃糧鎮公墓區的蒼松翠柏之中。是年立碑一座，以告慰這位命運特殊的老人含笑於九泉！

胞弟嚴永強，一九四八年冬月生於水磨溪老宅。自幼性格憨厚樸實，智能較弱，加之雙親早逝，不免在心靈上受到創傷，以致思維行爲受到一定影響。於一九七五年八月，在本生產隊蔣家槽一次改田勞動中，因排啞炮不慎身亡。年僅二十五歲。

一九九一年七月，爲使廣大村民對這個因公犧牲社員的崇敬和同情，特以其侄兒喬德宏，侄媳袁顯秀的名義爲其立碑一座，以昭後人。

繼祖父喬克大（生卒時間不詳），興山黃糧鎮喬家灣人氏，生前以務農經商爲業。因膝下無後，抱養喬會昌（原名王世會）爲子，喬會昌於一九五四年與我母親結婚，一九五五年我因赴枝江求學，辦理遷移手續時，經母親同意，由「嚴」姓改爲「喬」姓。母親去世後，繼父另組家庭。我雖非親非故，代繼父盡其孝道，特爲喬克大立碑一座，以示孝心。

繼祖母方代珍，興山高陽鎮人氏，係喬克大之後妻，雖無親生兒女，但心地善良，爲人厚道。

一九六〇年，我母親去世後，方婆婆爲協助我支撐這個破碎的家庭，不僅以一個長者的身份，言傳身教，對我們兄妹進行臨難不懼，立志成家的思想教育，還不辭勞苦，幫助我娶親完配，成家立業。爲挽救我生命垂危的兒子喬德宏弱小的生命，將她身上僅有的兩元錢予以資助，精神實爲感人！

爲報答這位老人的恩德，她生前，我千方百計地爲其提供較好的生活條件，直至養老送終，死後，按照當地的習俗，予以厚葬。一九九一年立碑一座，有挽聯曰：祖母永別千載去，諸孫灑淚幾時乾，橫批爲非親勝親。

寬容之樂

《聖經》中有這樣一句名言：你待人當如人之待你。人生在世幾十年，人與人之間，在生活、工作交往中，不免總會有一些磕磕碰碰。特別是在「以階級鬥爭為綱」的年代裏，我們這些所謂家庭出身不好的人，只要個人稍有某些能力和特長，家庭生活勉強過得去，在群眾中口碑又較好，就會遭某些人嫉妒，甚至遭到惡意攻擊和暗中陷害。一個受害者遭遇此情況後，是咬牙切齒，針鋒相對，還是寬宏大量，以禮相待；是懷恨在心，尋機報復，還是不計前嫌，以德報怨，是檢驗一個人人品好壞的重要標誌。

眾人是聖人之古訓，使我毅然地選定了後者。

一九六六年秋，一場史無前例的無產階級文化大革命如火如荼地在全國展開。運動一開始，鬥爭的矛頭就直指所謂的走資本主義道路的當權派。在農村，因為只有村官，權力不大，只好把鬥爭的鋒芒指向地富反壞右分子及其子女。

隨著運動的逐步深入，當時我們大隊雖然是個經濟落後的貧困隊，但是抓政治運動卻不甘落後。運動的主力軍，是一批家庭出身好的紅衛兵，他們身著綠軍裝，佩戴紅袖章，背著毛主席語錄包，耀武揚威，不可一世。他們在造反司令A某的帶領下，打著「造反有理」的大旗，不是今天在這裏破「四舊」、燒古書、砸古董，就是明天在那裏發動群眾寫大字報、小字報。什麼炮轟誰呀，火燒誰呀，刀砍斧劈誰呀的大幅標語，隨處可見。學校也成了造反的戰場。

秋去冬來，陣陣北風給人們帶來了幾分寒意，在紅衛兵廣泛宣傳發動的基礎上，全村的批鬥大會在大隊部召開。

批鬥大會由A司令官主持。他首先宣布把被批鬥的大隊黨支部書記萬能品、大隊長蘇家秀帶上來。一夥紅衛兵蜂擁而上，你推我搡地把兩個被批鬥者推到了台下，並彎腰九十度。

打倒萬能品！打倒蘇家秀！走資派不低頭，就要他的狗頭！走資派不投降，就叫他滅亡……

大會在一片口號聲中正式開始。A司令搖頭晃腦地走上前臺，首先宣讀了兩條《毛主席語錄》：「最高指示毛主席教導我們說，凡是敵人反對的，我們就要擁護！凡是敵人擁護的，我們就要反對！」「革命不是請客吃飯，不是做文章，不是繪畫繡花，革命是暴動，是一個階級推翻另一個階級的暴力行動」。

批鬥正式開始，A司令一手叉著腰，一手指著兩個被批鬥的對象質問：「你們倆好好想一想，我們大隊這些年來，你們執行的是什麼路線，培養的是些什麼人？重用的是些什麼人？」A司令未等萬書記回答幾句，便火冒三丈，把桌子一拍，厲聲叫道：「你完全是狗屁胡說，休想蒙混過關！這些年，我們大隊當會計的、當出納的、當教師的不是四類分子的子女，就是老上中農的後代，是不是實？他們有什麼資格掌財權，站講臺，吃輕鬆飯？貧下中農的子女，不在你們眼睛裏，你們培養這樣的接班人，是不是想翻天？你們培養的民辦教師喬永海，給他的兒子起小名叫『長根』，是什麼意思？這不就是想翻天嗎？意思是到時候好放長線釣大魚嗎？」

接著，一夥紅衛兵爭先恐後地衝到台前，把兩個「走資派」痛斥一頓，有的還拳打腳踢，欲置之於死地。

因爲我無資格參加這樣的會議，只好一個人在離會場較遠的學校操場上旁聽、歎息、落淚。

當時，學校無法上課，加上還不知道大隊將要對我們這些人如何處理，我成天除了老老實實地參加集體勞動外，就是在家借酒消愁。一些好心的學生家長，知道我思想包袱沉重，怕我一時想不通，尋短見，隔三差五地到我家來開導我。曾記得他們勸我說得最多的一句話是，毛主席說過，我們應該相信群眾，我們應該相信黨。出身不由己，道路可選擇嘛……

渴時一滴如甘露。他們的勸說，雖然是大道理，但當時對我來說，起到了很大的安慰作用，使我在思想上又重新揚起了生活的風帆。

斗轉星移，文化大革命運動總算結束了，好不容易盼到了一九七八年，黨的十一屆三中全會勝利召開。這次具有劃時代意義的大會，以鄧小平同志爲首的黨中央，對我國文化大革命以來的路線、方針和政策，進行了撥亂反正，正本清源，把黨的工作中心由階級鬥爭轉移到經濟建設上來。與此同時，黨的知識份子政策也得到了貫徹實施，教育的春天終於到來了！

眾所周知，國家的大政方針總是決定老百姓的命運。從此，我這個昔日倒霉者的命運開始有了新的轉機。

在黨的知識份子政策感召下，可謂如魚得水，青雲直上。一九八〇年，我由民辦教師轉爲公辦教師，併入了黨；一九八一年至一九九六年的十多年間，我先後由一般小學教師聘任爲公社重點中學教師，並擔任師訓員、教研員。撤社並區以後，被提拔爲區教育委員會主任職務。一九九六年，縣委、縣政府鑒於我的工作業績，將年近花甲的我，調任爲縣教育局黨委委員、縣教育工會主席職務（副局級），並連獎給我兩級工資，直至退休。

榮幸之餘，回首青少年時期的一些辛酸往事，從而領悟到：逆境，對一個奮鬥者來說，並非壞事，而是財富。因爲它可以鞭策你做人，使你少犯錯誤或不犯錯誤，它還可以激勵你進步。所以我內心深處要感激那些曾經嫉妒過我、攻擊過我、陷害過我的人。

苦難的少年時期，曾因家中斷糧數日，靠清水煮野菜充饑。有一次，我忽然發現收過的碗豆地裏有不少漏掉的豆粒，當時不顧田裏的墒情，下田去撿，遭到了田主人的一頓毒打。時隔十多年的六〇年代末，這個田主人因家中貧病交加，生活發生了困難，又向我求援。我與瑞珍商量後，慷慨地借給他一斗水穀，使他度過了暫時的困難，他愧疚而又感動。

昔日的造反司令A某，因文革奪權未能如願，心中十分懊喪，加之他的女兒早已高中畢業，長期待業在家，無人過問，心裏更是無比焦慮。我得知這一情況後，在全區教師編制十分有限的情況下，迅速叫我的兒子喬德宏冒著雨，將其聘請爲代課教師的通知送到他家中，使這個農村知識青年當上了一名小學教師，後經多方努力，通過函授、進修、培訓等辦法，迅速提高其文化、業務水準，終於，由代課教師轉爲國家正式教師，並成了一名中學的教學骨幹，全家人至今感激不盡。

階級親、派別親，勝過血緣親和親戚親，是文化大革命階級鬥爭的一個顯著特點。當時，我有一個姻親，論輩分和年齡，我稱他大哥，因他和我同行，我叫他胡老師。文革時期，胡老師爲了在領導面前顯示他的階級覺悟高，以贏得上級的信任，竭力擺脫我這個家庭成分不好的親戚關係，便挖空心思挑撥我和妻子胡瑞珍的關係，以達到使我被開除回家務農，夫妻離散的目的。在群眾中大肆誹謗：「喬永海在學校管修建，連學校的鐵絲就偷回家晾衣服，我看到的。他工作完全不負責任，附近的群眾把學校的瓦就偷走了。」並說：「大瓦藏在箱子裏，小瓦藏在櫃裏。」等等。後來，他覺得這個謠言價值不大，便又心生一計說：「喬永海身爲一個人民教師，在學校與一個女教師亂搞兩性關係，有一次偷情後，怕別人發覺，只好夾著鞋子縮住頭，倉皇逃跑，影響極壞。」組織上知道後，連忙派人調查，結果，全無此事，純屬胡的誣衊和陷害。當組織上追問胡這一謠言從何而來時，胡張口結舌地說：「我——是聽到——別人——說的！」

還有一次，縣裏舉辦白求恩事蹟展覽，要求各單位組織幹部群眾，敲鑼打鼓，整隊入場去參加。因爲我會吹嗩吶，和樂隊一起去縣裏參觀了展覽。第二天，胡知道後氣喘吁吁地跑到大隊部，質問大隊書記萬能品：「喬永海是什麼人？他有什麼資格到縣裏去參觀展覽？你們的階級立場到哪裏去了？」萬書記也討厭這種人，便譏諷他說：「胡老師，你眞是個六親不認，響噹噹的造反派呀！」他只好灰溜溜地走了。

一九八四年春，我在區教委任職以後，成了胡老師的上司，他驚恐不安，估計我一定會利用手中的權力報復他。後來我通過兩件事，才使他消除了疑慮。

《觀音送子》便是一例。他的妻子在我的幫助下，查準了病因，藥到病除，三十六歲才解懷，給他生了一個又白又胖的寶貝兒子，他感動得流下了熱淚。

胡老師以前因對工作不負責任，教學品質嚴重低下，家長意見很大，自己也很自卑。我任教委主任以後，他有兩種心理活動：一是怕「挨整」；二是因爲我不計前嫌，並給他辦過實事，使他由「孤老戶」成了幸福家，還是想通過努力工作取得好成績，來支持我的工作，以此感恩戴德。於是我抓住他這兩種心理活動，因勢利導，除了在大、小會上肯定胡老師的點滴成績和進步以外，有一年他家裏受了水災後，我親自帶著教委會的全體同志幫他砌陽溝、除淤泥，他很感動。從此他教學工作更加認真，教學品質很快由原來全區倒數第二名，上升爲全區前五名。爲了鼓勵他這個「老來紅」，推薦他爲全縣教育戰線先進工作者，其業績在縣教育宣傳櫥窗展出。胡老師真正出名了！一次胡老師拿著沉甸甸的獎品，對老師們幽默地說：「這還——還不是朝中有人好——好做官嘛」！

一九八四年七月，我在黃糧區任教委主任時主持召開了第一次全區教職工大會。會議歷時七天，通過學習文件、交流經驗、政治考試和落實任務，最後一天下午在大會總結之前，宣布全區中小學教師調整方案。

當我在大會上把人事調整方案宣讀完畢之後，忽然發現台下有一個教師從人群中衝了出來，厲聲嚷道：「這叫什麼人事方案！我們的學校，領導根本上就沒有放在眼裏，調走的是骨幹，調進的不是老弱就是病殘，試問，我怎麼安排課程？只要你們的親朋戚友都安排好了，還管別人嗎!?我看吶，像這樣搞，黃糧的教育不辦垮才怪哩！……」

我定睛一看，原來是金家嶺小學的負責人劉光興老師。霎時，在場的三百多人的目光一齊投向了他。

人上一百，種種色色。在場的教師有的暗自高興，認爲這是給新任領導的「下馬威」，嘗嘗黃糧區教師的厲害；有的在一旁冷眼觀望，看領導怎麼收場；大多數教師認爲劉老師身爲老教師，遇事太不冷靜了，有意見應該會後和風細雨地向上級反映，不應該當眾頂撞……

目睹這一突如其來的異常情況，我十分鎮靜地走下主席臺，來到劉老師身邊，十分謙和地向他作了簡單的解釋和安慰工作。劉老師暫時息怒了。

大會總結照常進行。

會後的第二天早晨，劉老師專程來到教委會，十分內疚地對我說：「老喬啊，只怪我個性不好，說話太衝動，不注意場合，實在不應該。那天我回家後，我的愛人（陳經梅老師）也把我批評了一頓，說你上任才幾個月時間，全區範圍這麼大，學校這麼多，涉及到幾百個教師的調整，怎麼可能考慮得那麼周到呢？我一想，確實是這樣。俗話說，大人不見小人怪，請你千萬不要把這件不愉快的事放在心裏。」

我爲了用實際行動對他進行安慰，當天我專程去金家嶺小學進行了師資情況的調查分析，認爲該校低中年級教師不算太差，高年級教師相對較弱。當即表態，待下學期一定作適當調整，他滿意地笑了。

高興之餘，在酒席宴上，未想到劉老師又借酒說話，舊話重提。席間，我十分嚴肅而又親切地對他說，說實話，我擔任這個工作是大姑娘坐轎頭一回，沒有經驗，要想把黃糧的教育工作搞上去，就需要像你這樣的對工作認眞負責，對領導直言不諱的好老師，我這個人最討厭的是陽奉陰違、口是心非的人。老虎的屁股摸不得，能把工作搞好嗎？我的一席話，才算給老劉吃了一顆「定心丸」。

冬去春來。一個春雨綿綿的早晨，我在劉家壩公路上，遇到了劉老師，他見我沒有打傘，老遠連忙向我打招呼，並要我倆同打一把傘，邊走邊談，無意中，他又提及此事，並說：「老喬啊，我這是第三次向你認錯了，如果你再不理解我，叫我有什麼辦法呢!?」

我見他一直心有餘悸，談話又如此懇切，笑著說，老劉啊，你怎麼這麼不相信人呢？你從宜昌到興山已幾十年了，青春就獻給了山區的教育事業，直到如今你已年過半百，還在負責一個學校的行政工作，爭骨幹教師是爲了爭教學品質，並不是爲了個人私利，把學校辦好了，難道沒有我一份功勞嗎？我作爲一個單位的負責人，下屬有意見，怎麼能只看對方的表達方式，不深思對方的說話動機呢？若你硬是不相信我的話，讓我們在今後的工作中見行動吧！老劉當時像小孩子似的，緊緊地握住我的手，久久不放。

隨著歲月的流逝，劉老師夫婦已先後辦理了退休手續。因爲他遠離宜昌，還有年邁多病（父親殘廢常年臥床不起）的父母，決定退休後到宜昌定居。臨行時，他和老伴專程到我家告別，他含著惜別的淚花拉著我的手哽咽著說了這樣一句話：「老喬啊，你的爲人、胸懷和工作方法，我服了！」

後來，他不知從哪裏獲悉，我得了風濕關節炎，爲了緩解我的病痛，特地從宜昌寄來了價值千元的藥物和治療儀，以示感激之情。

宜昌市舉辦首屆「三峽藝術節」，宜昌北門一帶是觀光的最佳位置，他和老伴特地把我們單位六個同志接到他家，盛情款待。

扣人心弦的傘兵跳傘表演，載歌載舞的彩舟在大江上競技……我們高興地站在老劉房屋的至高頂上，俯瞰「三江」，大飽眼福。

在文化大革命期間，我們學校有這樣一個負責人，本來不學無術，但以自己家庭出身好自居。爲迎合政治運動的需要，騙取上級領導的信任，遇事「左」得出奇。經常認爲自己是領導，以勢壓人，總想在一些貧困的民辦教師身上佔便宜。在教學方面，更是隨心所欲，經常出現知識性錯誤，誤人子弟。老師們在他的領導下，迫於權力，只好逆來順受，忍氣呑聲。有一次，這個領導給五年級上語文課，讓學生用「家喻戶曉」造句，在黑板上將「曉」寫成了「小」字。當時我和另外一個老師發現這一知識性錯誤以後，以爲是他的走筆之誤。後來，我們找個機會翻閱了他的備課筆記，筆記上也是這樣寫的，證明此人只有這個水準。不料，這個領導發現了，覺得丟了面子，便惱羞成怒，一氣之下，奪過備課本，當場撕成幾塊。下屬的「犯上作亂」，使這位領導覺得無地自容，一直把我們懷恨在心，伺機報復。尤其是我，成了他的心腹之患，也是最大的倒霉者。

「民轉公」是民辦教師最最迫切的願望。這個領導鑒於我的工作能力和表現，惟恐能如願以償，得到實惠，便千方百計在上級領導那裏彙假報，說我政治上如何如何，致使我推遲轉正達八年之久。加上他平時採取毀滅借據、騙取現金等卑劣手段和推遲轉正的工資收入，使我造成經濟損失達兩萬餘元，眞是人害人，害死人吶！

一九八四年春，我被任命爲區教委主任，成了這個領導的頂頭上司。他既嫉妒、憎恨，又怕我報復，憂心忡忡。回憶他自己過去的所作所爲，其複雜心理是可想而知的。

我上任以後，認眞地進行了換位思考，爲了使這個學校負責人能早日消除思想顧慮，輕裝上陣，大膽地抓學校的管理工作，首先，將他從一個小型學校調到一所大型小學，任命爲副校長，並經常在學校負責人會議上抓住他政治熱情高、工作認眞負責、能吃苦耐勞的閃光點，予以表揚和鼓勵，使他不僅很快放下了思想包袱，而且工作搞得特別出色。爲了儘快幫助他所在學校改善辦學條件，在建校資金十分緊缺的情況下，撥款三萬多元，使該學校建了一棟新校舍。此人深受感動，與其他負責人一起抓學校的管理工作，教學品質逐年提高。他擔任學校負責人並非黨員。我介紹他光榮地加入了黨組織，實現了他多年來夢寐以求的願望。他爲此感激涕零，對以前的所作所爲無不深感慚愧。

深知昔日彼此內情的黃區長感慨地說：「老喬啊，你這個人，眞是仇人先報恩啦！」對我不計前嫌，以德報怨大加讚賞。

讓一著，風平浪靜，退一步，海闊天空。上級領導的評價，老師們的讚揚，使我眞正感受到爲人處世的寬容之樂！

家鄉的「小橋流水」

枯藤老樹昏鴉，小橋流水人家，古道西風瘦馬。夕陽西下，斷腸人在天涯。這是元代著名戲曲家馬致遠膾炙人口的一首散曲。

然而，我筆下的「小橋」是我爲方便家鄉孩子就近上學修建的一座小小的「愛生橋」；「流水」，即協助家鄉籌措資金整修溝渠，引水灌田的「長流水」。

在巍峨的仙侶山腳下，有一個形似圈兒椅的地方——喬家灣子——我的第二故鄉。彈指一揮間。自一九五三年我跟隨母親來到這個地方，在喬家灣度過了三十二個春秋，孕育了兩代人。一九七八年，我因工作調動才離開了這個地方。

俗話說，一方水土，養一方人。三十二年啊！在人生的歷史長河中，總算是不短的一段歷程。三十二年的成家立業，三十二年的衣食住行，第二故鄉對我的養育之恩，使我終生難忘。

我這個基層的芝麻官，能爲家鄉做些什麼？我經常在腦海中思索著。

要致富先修路，要致富多植樹，要致富多讀書，成了農村人們致富奔小康的口頭禪。

我是搞教育工作的，教育機關俗稱「清水衙門」，我只能爲家鄉的教育盡一點微薄之力。家鄉的地理位置有些特殊，全組五十多戶人家，分居在兩溝、雙嶺一面坡上（「兩溝」即：左邊是白土溝，右邊是廟兒溝；「雙嶺」即：上面是蘇家嶺，下面是柯家嶺）。這裏的孩子上學讀書，不僅要翻山越嶺，還要涉水過溝，若遇狂風暴雨，山洪像兩匹脫韁的野馬，奔騰而下，家長們無不爲孩子上學提心吊膽。家鄉不遠的胡家灣中心小學，本來辦學條件比較好，但苦於廟兒溝無橋，家長和他們的孩子們只能望溝興歎。

一九九四年五月，一場歷史上罕見的大雨連續下了幾天幾夜。因山洪暴發，山體滑坡，廟兒溝原來搭建的一座木棍便橋早己被洪水沖得無影無蹤，全組二十幾個孩子因無法過溝，被迫輟學在家。於是，我抓住這一機會，連續兩次到縣教育局告急，引起了領導的重視，並派專人實地勘查、測量，決定在這裏修一座混凝土結構的小便橋，以解決學生上學難的問題。

在農村修橋談何容易！除教育局補助部分原材料資金外，其餘的材料費、運輸費、工人工資和青苗補償費，全靠自己設法籌集。因資金有限，我們只好通過義務勞動來解決。

六月的太陽火辣辣的，我帶領鎮教委一班人，配合工人師傅，挖基腳、撿石頭、抬預製板，大家幹得熱火朝天。僅用兩天時間，一座既堅固又漂亮的小橋終於建起來了。

從此，家鄉二十多個小學生，就能風雨無阻地就近上中心小學了。該校的彭洪泉校長感慨地說：「喬主任，你雖然不是家鄉的父母官，卻爲家鄉的父老鄉親辦了一件大好事，這座橋就叫『愛生橋』吧！」

滴水貴如油，十年九不收，是家鄉二十世紀中葉的農業狀況。歷史罕見的一九五九年大旱，全組百分之九十的農田，幾乎顆粒無收，所有的農戶家家斷口絕糧，全靠樹皮、草根和觀音土（俗稱兔兒泥）充饑。曾記得二十一歲的小夥子蔣光弟，因饑餓難奈，偷別人田裏還未成熟的洋芋，被別人發覺，礙於名聲，覺得無臉見人，懸樑自盡。我的母親就是這個年頭，被饑餓和病痛奪去了生命，年僅四十六歲。

痛定思痛。為了改變有水源無人引灌靠天吃飯的落後狀況，全組的村民在生產隊長蘇家秀的帶領下，披星戴月，開山鑿石，硬是從兩公里以外的龍洞灣修來了一條盤山水渠，終於把龍洞灣的龍泉水引到了擁有百畝的「望天收」——蔣家槽。

水是引到了田裏，但水資源的浪費卻十分嚴重，原因是土法上馬修的小溝渠建在空山和沙土地上，溝渠沿途漏水嚴重，水越流越小，到達田裏時已所剩無幾了。若遇大旱之年，水更加供不應求，守水者徹夜不眠，經常因爭水打架鬥毆。曾有一婦女因爭水打架致使對方受傷嚴重，被判刑勞改。慘痛的「水」官司，使村民傷透了腦筋。

直至八〇年代末，時任生產隊長的蔣光武，曾多次計畫整修溝渠，徹底解決水資源的浪費問題，但因資金短缺，遲遲無法動工。我知道這一情況後，一次借向鎮黨委、政府領導專題匯報教育工作的機會，順便反映了蘇家嶺村二組有水源，但缺資金開發，導致村民因爭水經常打架、鬥毆，影響農業生產和社會安定的情況，引起了鎮領導的重視，當即指派鎮水保站的李直俊、高曉華同志和我赴實地勘察。

立冬將至，寒風夾雜著雪花，一片一片地飄落下來。我們三人在生產隊長蔣光武的帶領下，從渠頭察到渠尾，找出了水資源浪費的主要原因，當即共同研究制定了「加固溝底，擴大溝面，板石鑲砌，混凝土勾縫」的整體維修方案。

方案一公佈，很快得到了廣大村民的大力支持。他們頂風冒雪，從五里開外的土家溝，背來了石板。不到三天，二十多噸水泥和砂子，鎮水保站如期調拔到位。僅半個多月時間，一條標準的灌溉水渠終於修成了！水渠的流量增加了一倍以上。從此，昔日的「禍害水」成了「幸福水」，「望天收」成了「豐產田」。

村民們高興地說：「不管哪朝哪代，家鄉只要有人在外面做事的，就是不一樣！」

飲酒的故事

俗話說，無酒不成禮儀。我年輕的時候對這句話並不那麼感興趣，因爲那個年代家境貧寒，物資匱乏連飯都吃不飽，何談飲酒作樂？後來隨著歲月的流逝和經濟狀況的好轉，學校老師們之間，在生活上經常你來我往，才學會了喝酒。

實踐出眞知。飲酒也不例外。乍看起來，飲酒似乎是一個人的生活習慣。其實不然，只要你長時間地跟酒打交道，就可以慢慢地悟出，酒與人的喜怒哀樂有著一定的關係。所以，從某種意義上說，成者酒也，敗者酒也，不乏其例。

我自從學會喝酒以後，平時無論是工作接待，還是交朋結友，出於禮節，聚會總要喝上幾杯。在酒席宴上經常會出現一些使人啼笑皆非的小故事，它從某一個側面折射出一個人的人生經歷和生活樂趣。

‧蒙混過關

一九八六年，冬至剛過，黃糧一帶的氣溫驟然下降，鵝毛般的大雪鋪天蓋地。十二月二十六日下午，接到縣教育局的電話通知：按隨機抽籤的辦法定於一月七日至十一日，宜昌市政府將對黃糧區進行高標準的掃盲檢查，不得有誤。接到通知以後，我迅速將通知精神向區黨委、政府作了匯報。大家都感到時間緊迫，任務艱巨，壓力很大。因爲掃盲驗收涉及到千家萬戶的文化戶口申報和一批青壯年農民文盲的文化測試，如果哪一個環節出現問題，將會拖全縣的後腿，其責任重大。

分管教育的副區長周光福同志，在全區掃盲動員會上說：「掃盲是義不容辭的政治任務，迎檢如打仗，我們必須背水一戰。但是只能智取，不可強攻……」於是，抽調了幾十名脫產幹部和教師，兵分三路，冒著大雪，連夜出發。一個組在當地幹部、教師配合下，深入到各家各戶，做文化戶口申報的準備工作，確保非文盲率在百分之九十五以上；一個組到各院子屋場辦文（半）盲學員識字班，確保考試不出問題；還有一個組（人數最少）冒雪上山尋覓野味，籌辦伙食，做好熱情接待準備工作。屆時以情感人，力求順利過關。

安排敲定，各負其責，立即行動。

市驗收組如期到來。用三天時間對一個村明察暗訪後，情況基本正常。最後一關是對文盲學員進行文化考試。全村二十四個應參考的學員，有十九人已經基本合格，剩下的五個「老大難」，安排在結束前的晚飯後進行，以決定檢查驗收最後結果。我們個個無不提心吊膽。

因爲驗收即將結束，區黨委書記、區長等主要領導一起出席了歡送晚宴，以示對掃盲工作的重視和對上級領導的尊重。

宴席開始以前，市驗收組組長孫局長就告誡每個驗收成員：學員的文化考試還未結束，請大家飲酒時，千萬不能過量誤事。酒喝三巡以後，陪酒者的目標一齊轉向主管文化考試的王旭東，因他最年長，大家尊稱他爲「王老」，他哪裏經得住書記、區長們感人的勸酒語詞和得體的奉承恭維，盛情難卻，連喝數杯。

酒是興奮劑，王老興致勃勃地講起了他家在困難時期喝酒的故事：「那是一九六〇年的下半年，我家不僅吃飯困難，喝酒就更困難了。有一次，我瞞著老婆，費了九牛二虎之力搞到了五斤白酒，準備請工抬門檻起房子用。哪知這件事竟被老婆知道了，趁我不在家時用酒兌換了幾斤糧票。有一天，我請了幾個小夥子來抬門檻，事情做完之後，款待這些幫忙的人。我在準備開飯時對大家揚言道：我王旭東請人幫忙，不像有些人那樣，嘔嘔嗦嗦（意思是吝嗇）的。今天大家辛苦了，我請大家喝酒，保證將壺不將量，讓大家喝好。說完我跑到屋裏去提酒。怎麼也沒有想到，放酒的地方竟留下一個空酒壺，掃興極了。小夥子們你一言、我一語地把我嘲諷了一番。其中一個姓穆的小崽子還給我編了一個歇後語：王旭東抬門檻——將壺不將量。從此這個故事在我們家鄉流傳至今。」

王老講得繪聲繪色，大家聽得哈哈大笑。不知不覺，時間已近午夜時分。什麼學員考試啊、提問啦，王老早已忘得一乾二淨。待考的學員，因時間太晚早已逃之夭夭。

散席後，我們把王老扶到客房，給他倒水、削水果。直到聽到了王老的鼾聲，我們才離開。

次日早飯後，檢查驗收組向區黨委、區政府負責人宣布：「興山縣黃糧區掃盲工作達標！」然後上車回城。

周區長風趣地說：「這次掃盲驗收，多虧杜康先生（釀酒的發明人）幫了大忙，總算僥倖取勝，蒙混過關！」

•投票「選舉」

一九八五年元宵節，豔陽當空，春意融融。小街上不時傳來鬧元宵的鞭炮聲。人們仍沉浸在濃濃的春節氣氛中。

時任黃糧區黨委辦公室主任的萬能用同志，早有設家宴請區領導過傳統佳節的準備，並請我作陪。

宴席上，在座的都是我的頂頭上司，不是黨委書記、區長，就是紀檢委員，就我一人是一般幹部，無不覺得有些拘謹。

區長傅光亮好像看出了我的心思，坦率地說：「今天喝酒不分職務高低，一視同仁，酒喝三盅（每盅三兩）不攀狡。門面盅和『郤壺灑』都由東家萬主任掌握，另設一盅『獎勵酒』，用投票選舉的辦法產生，若哪位得到第一名，多喝一杯『榮譽酒』。但有一個規矩：提前離席者，罰！」大家異口同聲地說，這個辦法好！唯有我早已心知肚明，所謂的一盅「榮譽酒」非我莫屬。本想提前開溜，但有「約法三章」，只好隨聲附和，坐等良機。

分管教育工作的宣傳委員萬常循生怕「選舉」失敗，提出要事先擬定一個「候選人條件」。幾個策劃者眉來眼去，暗送秋波。你一言，我一語，很快就拼湊了一個所謂的「候選人條件」：一是此人酒量較大，二是向來酒風端正，三是無酗酒鬧事史。眞是條件內容環環相扣，用詞滴水不漏，目標逐漸明朗化了。選舉即將開始時，有人提出既然是投票選舉，選票從哪裏來呢？一向態度嚴肅的吳書記風趣地說：「我這裏有個空煙盒，可以代替嘛！」萬主任接過煙盒，撕開裁成十小張。每人發一張，又找出筆來，叫大家寫「選票」。

投票時，大家都裝得十分嚴肅認眞。不一會兒，投票結果由紀檢委員萬能言同志宣布：「十人參選，收回選票十張，喬永海同志得了九票，光榮當選！」頓時掌聲四起，談笑風生。我正想趁此機會開溜時，哪知傅區長早有防備，一個箭步追到大門前，將我攔住，一杯滿滿的白酒，只好一飲而盡。

在一陣喝采聲中，萬主任按照喝酒的規矩又給每個人酌了一杯卻壺酒，我也只好硬著頭皮完成了任務。

我九兩白酒下肚以後，當時雖然有些醉意，但工作起來，一切正常，萬主任也才放心了。

•陪酒新招

有一年十月，秋高氣爽。馳名全市的黃糧酒廠的昭君系列酒隆重上市。凡是來到黃糧的客人都少不了以酒款待，聯絡感情。

一次，縣裏有幾個幹部奉命到黃糧檢查教育戰線的「一無兩有」工作（即校校無危房，班班有標準教室，學生人人有較標準的課桌凳），分管教育的鎮長，按照慣例，不僅要陪同檢查，匯報工作，聽取意見，還要參與接待，以取得上級對教育工作的支持。

夜幕降臨，華燈初上，賓客滿座，酒宴開始。黃糧一度不僅美酒出名，而且勸酒也很出名。起初，客人都對飲酒有一些戒備心理，局面很難打開。於是某鎮長心生一計，很風趣地說：「我們黃糧一帶有個小規矩，喝酒時，『酌』、『酒』、『喝』三個字是不能直接說出來的，要表達這三個字的意思只能用其他的詞代替或用手勢代替說話，若說出了這三個字的諧音，還要加罰。請各位客人入鄉隨俗，遵守酒規。」酒規一出，大家更加警覺，生怕犯規罰酒。

有的把「酌酒」說成「斟酒」、「瀉酒」；有的把「酒」說成「水」或「飲料」。有的把「喝」說成了「飲」和「吃」，甚至有的怕出現口誤，就乾脆用手比比劃劃，以示「酌、酒、喝」的意思等等，有趣極了。

大家喝完門面盅以後，爲了打破僵局，有一位鎮幹部忽然想起了一個由遠及近、誘魚上鉤的計策，編造了一個設問：「我們縣裏不是有一個叫王全金的副縣長嗎?他是分管的哪條戰線?」話音剛落，有一位縣幹部連忙搶著糾正道：「這個副縣長不叫王全金，叫王全久!」頓時在場的人如獲至寶，異口同聲地說：「罰酒兩杯!」弄得那位嘴快的縣幹部面紅耳赤，莫名其妙。原來他在話中無意識地帶了個「久」字。眾目睽睽之下，此人啼笑皆非，只好認罰。當他喝完了罰酒之後，便又不由自主地說到：這個「酒」我確實不能再「喝」了，連續犯規兩次，又罰美酒兩杯，個個捧腹大笑。

眾所周知，只要酒一下肚，大腦受到刺激，人就格外興奮，難免信口開河。稍不注意，什麼「少喝」一點呀，太「酌」多了呀!把「酒」壺拿來呀等等，都不自覺地觸犯酒規。結果一席十個人，除末端酒杯的沒被罰酒以外，其餘喝酒的都或多或少的被罰過，宴席的氣氛十分活躍。

大家將要離席時，一位縣幹部略有醉意地笑著說：「你們黃糧人陪酒的這一招可眞厲害啦！」

．盛情難卻

一九九七年至二〇〇〇年間，根據局黨委分工，我負責全縣的教育工會工作和分管機關工作。也是我工作四十多年來的最後一班崗。

二〇〇一年元旦將至，按照慣例，機關要籌辦一個迎春酒會，大家歡聚一堂，共慶元旦佳節。

爲了提高酒會的招待檔次，酒席預訂在縣第二招待所三樓餐廳。下午六時許，全體機關幹部和退休的老同志在局長夏昌藝同志帶領下，陸續來到宴會廳。

宴會在優美的樂曲聲中開始。夏局長首先代表領導班子向大家致了新春祝酒辭，大家頻頻舉杯，以示辭舊迎新。

酒過三巡，可謂觥籌交錯，大家酒性正濃時，副局長龔永強同志忽然站起來說：「諸位，我們的工會主席喬永海同志已年近花甲，明年即將辦理退休手續，今天的酒會有兩層意思：一是辭舊迎新，共慶佳節；二是提前開一個歡送會，預祝老喬同志光榮退休，安度晚年。回顧我們局機關一年來的工作，可謂『四喜臨門』：先後被評爲文明單位、幹部職工理論學習先進單位、扶貧攻堅先進單位和全省教育工會先進單位。老喬同志本人也被評爲全省教育工會優秀工作者。這些榮譽的取得與老喬同志的辛勤工作是分不開的。同志們如果有興趣，可以借此機會，分別向他敬一杯祝賀酒，但一定要適可而止，千萬不能一醉方休哇！」話音剛落，整個餐廳沸騰了。大家爭先恐後地向我湧來，什麼「感激酒」啊，「祝賀酒」啊，「歡送酒」啊，「工作酒」啊，接踵而來，使我應接不暇。於是，我急中生智，向大家很委婉地講了幾句話：「同志們給我敬酒，是對我的尊敬，是看得起老喬。我表示感謝！盛情難卻，我應該喝。但限於酒量，寡不敵眾，請大家允許我以四比一的比例，也就是說，敬酒人喝一杯，我喝四分之一，以此領受大家的心意。我在這裏深表歉意，請大家諒解！」儘管如此，仍有幾個酒量較大的小夥子，按比例多來了幾杯。其餘的同志因酒量有限，只好「安分守紀」。要不然，我那天會喝得酩酊大醉。

後來，這個不「公平」的敬酒故事，至今還成爲笑談。

‧不歡而散

有一年農曆正月下旬，大雪紛飛，寒風刺骨。惡劣的氣候，給高寒地區的學校開學工作帶來了「三難」：一是天寒地凍，學生上學難；二是冰天雪地缺水、缺菜、缺柴，學校食堂開夥難；三是農民因災歉收，學校收費難。我這個基層教育單位的「小羅蔔頭」，無不爲這三難一籌莫展。

按照慣例，縣教育局派來一個股長協助我們抓開學工作。我和那個縣幹部首先深入到全區最邊遠、最艱苦的祝家院、十字路、公坪一帶的學校視察開學工作。我們經過五個多小時的跋涉，最後來到了一個單班複式民辦小學。該校牛朝鼎老師熱情地接待了我們。因爲學校距牛老師家很近，食宿都在他家裏，所以他首先便問：二位領導遠道而來，還沒吃午飯吧？我們毫不隱瞞地回答，我們今天已步行了三十多里路了，說實話早已饑腸轆轆。牛老師二話未說，便請我倆到他家裏，一邊聽工作匯報，一邊解決饑餓問題，豈不是一舉兩得？我們毫不推辭地來到了牛老師家裏。

不一會兒，什麼臘蹄子燉香菇、酸菜炒辣椒、油炸土豆片、酸辣土豆絲，還有臘製香腸等典型的農家菜端上了桌。牛老師還提來一壺包穀老燒，高興地說：「兩位是遠道而來的貴客，今天喝酒，叫做王旭東抬門檻——將壺不將量（後來一打聽這個掃盲時的故事是一位老師講給他才知道的，果眞廣爲流傳）。因爲我倆太餓了，首先每人吃了一大碗「金包銀」（大米拌玉米麵）的飯後才開始喝酒。

每人喝了兩杯酒以後，那位縣幹部因氣候不適一再婉言謝絕，不想再喝了。熱情好客的牛老師卻說：「我們學校地處窮鄉僻壤，山高皇帝遠，今天縣、區領導能光臨寒舍，眞是三生有幸，蓬蓽生輝。我牛朝鼎寧可再喝兩杯，也要各敬二位一杯，不知意下如何？」哪知那位幹部，脾氣十分倔強，從不愛這些文謅謅的恭維話，當時把臉一沉，使勁把酒杯在桌上扳得粉碎……

突如其來的過激行動，使牛老師十分驚詫，我也在一旁十分難堪，只好對雙方敷衍性地作了一些解釋工作。酒席就這樣不歡而散。

這件事，雖然已過多年，但對我的教育卻十分深刻。可見酒文化之深奧也！

攜孫訪蒙師

二○○○年七月下旬，全縣中考成績揭曉，孫子嚴俊明以五百八十六分的成績，躍入全縣中考前十名，被宜昌市夷陵中學錄取。

目睹後生的茁壯成長，高興之餘，不禁撫今追昔。

我意味深長地對俊明說：「俊明，別看爺爺快六十歲的人了，我上小學時的蒙師還健在哩。」俊明連忙問道：「他是誰，住在哪裏？」於是我將帶他去拜訪蒙師的打算告訴了他，俊明欣然同意前往。

蒙師向祖全，中等身材，係舊時的知識份子，性格溫和，十分健談，家住興山縣古夫水田壩村，現已進入耄耋之年。

水田壩既是我出生的地方，也是我發蒙讀書的地方。我雖然離開這個地方已有半個多世紀了，可是那裏的山山水水和風土人情，至今仍留在我的記憶裏。水田壩是一個位於香溪河畔的小集鎮，後依巍峨雄偉的仙侶山，面朝層巒疊嶂的筆架山，左邊是龍泉山水直瀉而下的小南溝，右邊與「滿天星」接壤，從興山城到古夫的大路穿鎮而過。鎮郊清溪環繞，水田彎彎，是興山有名的魚米之鄉。

然而，在兵慌馬亂的歲月裏，因此處是通向房縣、保康的要道，常有軍隊從這裏經過。有時在這裏駐紮，以致小街上滿目瘡痍，慘不忍睹。曾記得，我在家門口，親眼看見一個國民黨軍逃兵，抓回來後，吊在一棵柚子樹上，被活活打死……

七月二十八日，風和日麗，秋高氣爽。一大早，我和俊明帶著送給向老師的禮品上路了。從高陽鎮出發，驅車不到二十分鐘，就到達了目的地。

一下車，遠遠望去，水田壩新貌展現在我們面前：昔日彎曲狹窄的石板街，變成了寬闊的大馬路；一排排嶄新的小洋樓，鱗次櫛比；過去煙火燎繞的太山廟，變成了整齊漂亮的小學校；國旗在習習的秋風中迎風招展；舊時的演兵場，改成了大水田，荷葉蔥郁，荷花飄香；過去亂石滾滾的小南溝，修建了泉水淙淙的排灌渠……好一幅壯麗的小康式新農村畫圖！真讓人心曠神怡。可愛的第一故鄉，你變了，你徹底的變了！兒時依偎在你懷抱的我，今天帶著孫子又來到了你的懷抱。

俊明順著我手指的方向望去，哪裏是我出生時候住的房子，哪裏是我兒時拜師讀書的地方，哪裏是我們學校的運動場……

向老師住在哪棟房子裏呢？一個姓劉的鄉親，叫來一個小朋友給我們當嚮導，把我們爺孫帶到了向老師的住處。

向老師的住所環境十分優美。掩映於綠樹叢中的三間小平房，緊靠香溪河邊。門前荷花池裏的荷花，有的已經盛開，有的含苞欲放；葡萄架上的葡萄果實累累。後院的小花園，隨風飄來桂花的清香；清澈的自來水直通院落的小水池。如此的自然環境，正是向老師得以健康長壽的主要原因。

我輕輕地叩開了向老師的大門。走出來的一位老人正是向老師。他，面部清瘦，滿頭銀髮，雖然脊背有些彎曲，銀眉下一雙眼睛仍是炯炯有神。他茫然地望著我們爺孫倆。我看出了向老師的心思，連忙恭恭敬敬地給向老師鞠了一個躬，介紹說，我不就是您的學生嚴永海嗎？「啊，我想起來了，學校隔壁的虎娃兒。眞是光陰似箭，日月如梭，一晃我們分別已五十多年了啊，你眞不錯，還記得我這個向老頭兒啊！快請坐，請坐！」說著，說著，向老師激動得眼睛濕潤了。

不一會兒，向老師的兒媳婦十分熱情地給我們爺孫倆一人遞了一杯茶，還端來一些瓜子、核桃和水果。我和向老師一邊喝茶，一邊聊起了我童年的一些趣事。談笑中，印象最深的有三件事：一是我初學寫字，筆對鼻尖。有一次伯母（也是我的養母）送我去上學，按規矩拜過孔聖人的像和向老師以後，向老師教我握筆寫字。他要求我寫字時身要坐直，紙要放正，筆要握緊，筆對鼻尖。我因爲膽子小，不假思索地拿起筆桿就往自己鼻子上一戳，哪知這一舉動，使全班同學哄堂大笑，我卻嚇哭了。接著向老師一邊安慰我不要哭，一邊做筆對鼻尖的示範動作給我看，後來還手把手地教我運筆和寫字的一些基本規則，如橫平豎直，點如瓜米，撇如刀等，至今我還爛熟於心。

上日書，背溫書，背書後還要考生字，這是一個學生一天必須完成的作業。記得有一次，我背誦的課文是《小蜜蜂》，大致內容是：小蜜蜂，嗡、嗡、嗡，飛到西，飛到東，東邊的小花白，西邊的桃花紅……背書過關以後，接著是考生字。向老師有意識地將一些字形相近，或偏旁相同的字歸納在一起，教我辨認。我把一個「蜜」字認成了「家」字，向老師叫我自己把手伸出來，用竹做的戒尺打了我三板，當時手心又麻又疼。這兩個字我確實終生難忘。向老師笑著說：「你的記性眞好，這件事，我早已忘記了！」

還有一次是「吃包麵」的故事。我們家與向老師的家只一牆之隔，學校就辦在向老師家裏。有一次，向老師在班上宣布放學以後，忽然叫我一個人留下來，因爲學生留校是一種懲罰，當時我不知道是怎麼回事，但又不敢發問。在很短的時間內，我從早晨上學以後的表現到作業完成情況，想了很多，是不是出了什麼差錯，心裏總是忐忑不安，直冒冷汗。等同學們都陸續離校以後，向老師才親切地叫我：「永海，你師母叫你到廚房裏去一下。」我只好從命。原來是一碗熱騰騰、香噴噴的包麵正等著我這個小客人哩！講到這裏，向老師笑著說：「你小的時候，矮墩墩的，胖乎乎的，很聰明，很可愛，眞是歲月無情，一晃你也年近花甲了，怪不得我老態龍鍾了啊！」

師生交談中，向老師也簡單地講述了在那場是非混淆的文化大革命中，由於出身問題，曾被打成反革命，受到迫害的辛酸往事。

愉快的回憶，開心地交談，不知不覺已到中午時分。向老師的兒媳婦備了滿桌盛席款待我們爺孫倆。席間，我第一個站起來給向老師敬酒。向老師連忙叫我坐下。「向老師，俗話說萬丈高樓從地起，我有今天，怎麼也不能忘記您老人家對我的啓蒙教育之恩。」說完，我將杯中的酒一飲而盡。因爲向老師年事已高，只給他酌了小半杯酒以示敬意。之後，同桌的客人頻頻舉杯，相互祝福，氣氛十分活躍。

向老師面帶春色，略有酒意，高興地說：「我們師生，五十多年的風風雨雨，五十年後的開懷暢飲，的確難得。我們都要感謝小平同志的好政策啊！」

夕陽西下，晚霞滿天。我和俊明告別了向老師。車子啓動了，我們回首，透過車窗看見向老師還站在那裏，向我們揮手。

在回家的路上，爺孫倆對一天的活動議論著。俊明深有感觸地說：「待人熱情的向老師跟我的蒙師史先世老師一樣，都是那樣文明謙虛。爺爺的良苦用心我早已明白了！」

最後一班崗

一九九六年九月至二〇〇一年十月，是我從教四十三年來的最後一班崗。回首這段歷程，有苦有樂，有驚有險。

一九九六年八月十八日，已滿五十五歲的我和教育戰線的曾憲海、黃達榮等同志奉命到興山縣委組織部接受縣委領導對我們調任工作的談話。主管組織工作的縣委副書記舒化彥同志說：「經縣常委研究決定，喬永海同志由黃糧鎮教委主任調任縣教育局黨委委員、縣教育工會主席職務。」隨即宣讀了其他幾個同志的調令。舒書記接著說：「老喬同志今年五十多歲了，他職務的提升變動，這種情況在教育戰線是不多的。縣委主要考慮到該同志在基層工作多年，工作任勞任怨，業績突出，可謂教育戰線上的有功之臣。縣委的這一安排，體現了縣委、縣政府對在基層默默無聞做奉獻的老同志的關懷。希望老喬同志一如既往，扎實工作，在局黨委直接領導下，開創我縣教育工會工作的新局面。」組織部李質三副部長，也對在座的同志提了些要求。

領導的談話，嚴肅感人。特別是我這個年過半百的人，更是感慨萬千。我含著激動的熱淚，哽咽著向上級立了「軍令狀」。

俗話說，隔行如隔山。一個在農村學校和基層教育機關工作了三十多年的我，論教書育人，談教學研究，議學校管理，還能說個「一二三」，但如何當既不像民，也不是官的工會主席來說，真是大姑娘上轎——頭一回。加之社會上曾流傳過什麼工會工會，吃了就睡，睡醒了起來收會費等流言蜚語。搞工會工作真的是這樣嗎？領導談話的當日，我思緒萬千，晚上躺在床上輾轉反側，久久不能入睡。

九月二十五日，原教育工會副主席萬忠成同志給我辦了工作移交。他簡短地介紹了全縣的工會工作情況後說：「縣教育工會是一個受條塊（即縣教育局黨委、縣總工會）雙重領導的群眾性組織，領導不太重視，會費收繳難，工作難度大，要想工作搞出個什麼名堂，現就看你的啦！」我深知，萬主席話中有話。

工作究竟從何入手，還是古人說得好：世上無難事，只怕有心人。上任伊始，我用三天時間學習了《工會法》和有關工運理論。從學習中我體會到，真是書到用時方恨少，事非經過不知難啊！一個由基層的執教者、教管者轉變爲一個從事「黨政工」三位一體的工作協調者和維護者，它不僅僅是一個工作角度的轉換，更重要的是工作思維方式的轉變。

通過理論學習和走訪興山一中、實驗中學、實驗小學、職教中心等縣直幾所學校和部分鄉鎮學校後，我冷靜地思考了三個問題：一是要堅持黨管工會的原則。我是局黨委成員，因爲有「位」才能有「爲」；二是要把廣大教職員工看做是學校的主人，因爲他們是搞好工會工作的基礎；三是作爲一個工會主席，是廣大教職工的代言人，要以身作則，少說空話，多辦實事，在教職工中從根本上樹立工會幹部的良好形象。隨即，我將上述三個觀點向局黨委作了匯報，得到了局黨委書記、教育局長文中略同志的肯定和支持。文局長語重心長地說：「你搞工會，我搞行政，只是分工的不同，其工作目的只有一個，就是依靠全縣廣大教職工搞好教育改革，推動教育工作健康發展。今後你若在工作中遇到什麼困難，儘管提出來，我們將盡力支援你。」局長的一席話給我吃了一顆「定心丸」，工作的第一炮總算打響了。

一九九七年三月六日至七日，按新《工會法》的規定，經過充分準備，興山縣第七次教育工會代表大會在教育局五樓會議室隆重召開。全縣二一八名教職工代表和市、縣工會領導及教育戰線的知名人士共三百多人歡聚一堂。大會聽取和審議了我代表上一屆教育工會委員會作的題爲〈團結和動員全縣廣大教職工爲培養跨世紀人才作貢獻〉的主題報告，選舉產生了新一屆工會委員會，我以全票當選爲興山縣第八屆教育工會委員會主席。會上，宜昌市總工會副主席伍明萬同志發表了熱情洋溢的講話。他說：「興山縣教育工會代表大會開得很成功。概括起來有三個特點：一是作了一個好報告，報告既有理論深度，又有感人的實際內容，有理有據，很有開拓性和號召力；二是制定了一個好盤子，工會未來五年的工作目標明確，思路清晰，措施具體，便於操作；三是選舉產生了一個好班子。這次會議將預示著興山縣教育工會工作必將產生積極的效果和美好的前景！」宜昌市教育工會主席鄒麗華同志和興山縣主管教育的副縣長韓定會同志也分別在大會上講了話。

大會閉幕以後，正值全國上下迎香港回歸的宣傳熱潮之中。我們認爲，抓住「迎回歸」這一活動，對教師進行愛國主義教育，是千載難逢的歷史機遇。於是，我們結合教育工會工作特點，在全縣各級各類學校開展了以「迎回歸」爲主題的百題知識問答、演講比賽，以及書法、繪畫、攝影競賽活動。既豐富了職工業餘文化生活，又對師生進行了愛國主義教育，得到了學校和社會的好評。

「參與、維護、建設、教育」，既是上級工會對下級工會工作的基本要求，也是工會工作的主要職能，四者相輔相成。

作爲教育工會這個特殊的產業工會組織，實踐證明，突出「維護」職能就顯得更加重要了。即維護學校的形象，維護教職工的利益，維護領導的權威等。從改革開放以來，全縣有個別校長和二級單位負責人因涉嫌貪污受賄問題先後落馬，有的還進了牢房。究其原因是學校的監督機制不健全，學校大小事情，領導一手遮天，工作暗廂操作所致。

冰凍三尺，非一日之寒。鑒於上述情況，我在局黨委會上提出了遏制學校腐敗的唯一辦法——推行校務公開。這一建議得到了與會同志的一致同意。一九九七年十一月四日，縣教育局、教育工會兩家聯合發文，要求全縣各級各類學校和二級單位全面推行校（政）務公開。接著我們以興山一中、縣實驗小學和古夫龍珠小學爲試點率先拿出《校務公開實施方案》。全縣所有學校緊緊圍繞爲什麼公開，公開什麼和怎樣公開等主要問題開展大討論。經過一年多時間的工作實踐，各校在規範學校經費收支辦法、學校基建工程招標、校級幹部選拔任用、教職工評先、教學課題研究和教職工福利等方面的管理明顯改善。有王三國等三個老師聯名給我們工會來信反映說：「你們抓的校務公開工作的確是一項順民心，合民意的『陽光工程』，不僅規範了學校領導的執政行爲，同時也增強了學校工作的透明度，幹群之間減少了誤會，消除了隔閡，有效地調動了廣大教職工的工作積極性，重塑了學校的良好形象，希望你們要一抓到底。」

一九九九年三月，春暖花開。爲了總結推廣校務公開經驗，我們在古夫龍珠小學召開了全縣學校民主管理經驗交流會。會上有七個單位介紹了經驗。分管教育的副縣長韓定會同志發表了重要講話。她對縣教育行政和教育工會，審時度勢，齊抓共管，致力於學校民主管理工作，從源頭上遏制教育腐敗，給予了充分肯定和高度評價。與會同志深受教育和鼓舞。

爲了鞏固學校民主管理的工作成果，並使之規範化、制度化，我們建立了學校「教代會」和「教工之家」百分考核評分制度，通過層層考核評比，全縣一百七十二個教工之家中，被評爲市級模範教工之家的有八家，縣級二十四家，其餘均達到合格和基本合格標準。我撰寫的〈淺談正確處理山區學校建「家」工作的幾個關係〉一文，獲市級論文二等獎。

積極配合行政抓好教師政治業務素質提高是教育工會的重要工作之一。

在市場經濟的大潮中，不少學校由於受「一切向錢看」的思想影響，有的學校領導以權謀私；有的老師看破「紅塵」，公然棄教經商；有的賭博成風；有的嚴重體罰學生，群眾上訪事件此起彼伏。針對上述情況，我們在抓學校民主管理的基礎上，先後在全縣開展了評選「十佳」校長和「師德標兵」活動，運用身邊典型的感人事蹟來教育廣大教職工。縣教育工會利用〈教工生活〉簡報，用一年半的時間先後轉載了兩百四十多篇好校長、好教師的先進事蹟材料。在認眞組織大家學習的基礎上，評選出縣實驗中學校長石少波，興山一中教師陳愛民等「十佳」校長和師德標兵，有力地促進了校風和教風的根本好轉。

教師教學基本功達標是教育行政對教師的基本要求。爲了配合抓好這一活動，我們以縣實驗中學和縣實驗小學爲訓練基地，先後開展了教師普通話競賽、板書設計競賽、課堂教學競賽、自製教學軟體競賽和自製教具展覽等活動，有效地提高了教師運用教育理論，落實教學環節的動口動手能力，爲教師評先晉級創造了條件，贏得了廣大教師的一致好評。

爲了豐富教職工的文體生活，在資金十分緊缺的情況下，我們提出了召開「新千年全縣教職工籃球運動會」的大膽設想，得到了縣總工會、縣體育局和教育局的重視和支持。縣總工會主席萬社知和縣教育局長夏昌藝同志親自出馬，找有關單位拉贊助，籌集資金一萬四千八百多元，保證了活動的順利開展。

二〇〇〇年三月，我和工會副主席周宗明同志，不畏山高路遠，頭頂烈日，用一個月零五天的時間，深入到全縣十二個分賽場，既當指揮員，又當工作服務員。雙臂的皮膚曬黑了一層又一層，堅持不下賽場，老師們無不爲之感動。

二〇〇〇年四月二十九日上午，晴空萬里，一千多名觀眾雲集總工會燈光球場。下午三點鐘，總裁判長湯一民同志宣布古夫代表隊對峽口代表隊決賽開始。開賽不到一刻鐘，忽然烏雲密佈，雷電交加，不一會，傾盆大雨撲面而來。是戰是和，雙方相持不下，天公像故意開玩笑似的，風颳得更急，雨下得更大。一會兒，球場成了一個大水池，一個個身強力壯的運動員像一群落湯雞，在一片歡聲笑語中你追我趕，直到比賽結束。

在頒獎大會上，夏局長在總結講話時說：「這次別開生面的全縣教育戰線男女職工籃球運動會，是全縣教育史上規模最大、持續時間最長、參加人數最多的一次職工體育盛會。通過這次球賽，不僅交流了籃球競技，增進了單位之間的友誼，更爲可喜的是展示了廣大教職工不怕困難，頑強拚搏的師德形象，這是我們舉辦這次運動會的宗旨所在。希望大家要以此爲起點，持之以恆地抓好教職工的文體活動，爲全面提高廣大教師的身體素質、政治素質和業務素質，推進教育的改革和發展創造良好的條件。」

歷時一個多月的教職工籃球運動會，在一片歡笑聲中落下帷幕。

不知哪世作了惡，今生當了教師婆，愁吃愁穿愁幹活，兒子姑娘跟著磨。這是當時興山峽口一帶教師家屬編的一段順口溜。它生動地反映了「半邊戶」教師家屬的苦衷。一調查，全縣「半邊戶」家屬約占全縣教師總數的百分之八十左右。其中教師家庭生活貧困線以下約占百分之三十，加之少數戶由於天災人禍成爲特困戶的也不少。如：家住孔子河，住房全被洪水捲走的張澤合老師；終身殘廢，成天臥床不起，上有老下有小、負債累累的農村教師候本常；患精神病，成天戴著五頂草帽，狂吼亂叫，舉著菜刀，揚言要殺人的教師曹某某；還有兒子玩銃不愼走火，打死了隔壁家小孩，被告到法院，判高額賠償，以致家貧如洗的青山小學教師宋萬才；還有家裏的莊稼地被冰雹、狂風襲擊，顆粒無收，一家四口人生活無著的青年教師陳興武等等。我們耳聞目睹，無不催人淚下。

於是，我們工會除了及時向上級匯報，求得有關部門的支持外，主要採取的措施有：一是動員全縣教職工，人人參加互助儲蓄活動，籌集資金解決教師的燃眉之急；二是大力倡導、積極扶持教師家屬發展庭園經濟。我們及時總結了號稱興山「水果王」和「養蜂王」的吳恩潤、李茂全等一批勤勞致富、科學致富的先進典型，引導教師「半邊戶」脫貧致富；三是利用〈教工生活〉簡報，推廣發展種植、養殖業的致富技術；四是動員、組織老師幫助缺勞力的困難戶搶種搶收；五是持之以恆，堅持開展「送溫暖」活動，無論是烈日炎炎的盛夏，還是大雪紛飛的寒冬，我和周宗明同志若遇到緊急情況，不分白天黑夜，翻山越嶺，帶著扶貧資金和物資走村串戶慰問特困戶教師，使他們深受感動。

工夫不負有心人。經過四年多時間的艱苦努力，共籌扶貧資金二十二萬多元，提供優質良種一千一百多斤，化肥八噸半，組織教師幫助困難戶搶種搶收一千零四十人次，使二十四個特困戶告別了貧困，一百一十三個教師「半邊戶」進入「小康」。原高橋鄉教育工會主席羅道生被評爲全國幫助農村教師脫貧致富的先進個人。二〇〇〇年九月，縣教育工會被評爲湖北省教師扶貧先進單位，我也被省教育廳、省教育工會授予「優秀工會幹部」光榮稱號。

二〇〇〇年三月，「服務大三峽，建設新興山」的戰鬥號角吹響了。年近退休的我，奉命參加了教育移民搬遷工程建設，主持修建教育局機關職工住宅樓。

組織的需要，就是我的志願。我們在一片雜草叢生的空地上搭起了工棚，辦起了食堂。我和彭洪清（抽調人員）一起堅持吃住在工地，作規劃，定方案，跑項目，籌資金，搞招標……經過一個多月時間的精心籌備，於二〇〇〇年六月八日，在一片鞭炮聲中，工程順利破土動工了。

天有不測風雲，人有旦夕禍福。正當房屋的主體工程完成將近一半的時候，一次突如其來的車禍降臨於我。

那是二〇〇一年七月四日上午六點半鐘，我從高陽鎮乘「91420」小四輪到古夫工地上班。

清晨的薄霧夾雜著公路上的塵土，籠罩著香溪河兩岸，一陣陣的冷風，給人們帶來了幾分涼意。開車的司機姓趙，五十歲上下。當時有人介紹說：「他是個老師傅。您放心地上車吧。」哪知我和另外一個姓余的小夥子剛一上車就發現他拐彎、變速操作很不對勁（後來才知道他是修車工，剛學開車，介紹我們坐這輛車的人是爲他招攬生意）。既然上了他的車，只好聽天由命了。我和小余提心吊膽地盯著前方，五米、十米、二十米……

車子闖過了「滿天星」，行至「柚子樹」一拐彎處，突然像脫了弓的箭，往前直衝，接著轟隆一聲巨響，從六米多高的坎上翻到了河灘上。

我只記得天旋地轉，頭和胸部受到猛烈的撞擊，眼冒金星，鮮血如注。但我未失去知覺，心想，這下完了。所幸的是，車子翻在河灘上，沒有撞到岩石，又在公路主幹道邊，過往車輛多，傷者得到了及時救治。

幾位好心人把滿身血跡的我抬進了興山縣人民醫院。經檢查，胸部、腰部和腳部傷勢較重。又做了頭部斷層掃描，醫生的結論是「頭部無異常」，我和家人才放了心。

我在住院期間，教育局領導、同事、親友多次到醫院看望、慰問我。傷勢漸漸好轉，我提前出院回到家裏療養。

八月二十日，我的頭部突然疼痛並逐漸加重，而且左肢癱瘓，語言功能紊亂，完全喪失記憶，幾乎成了廢人。全家人和單位領導無不爲之震驚、擔憂。

八月二十一日，我的兒子德宏在親友袁選鵬（兒媳袁選秀的哥哥）的全力協助下，找車立即把我送到宜昌市第一人民醫院。經CT檢查，腦內有淤血和積水，已發炎腫脹，壓迫大腦部分神經，導致左肢癱瘓，語言功能紊亂，喪失記憶。閻俊大夫說：「如果晚送去幾個小時，就有生命危險。興山縣人民醫院的電腦斷層檢查結論完全是錯誤的。」眞是醫生不明，暗刀殺人吶！

宜昌市第一人民醫院外科醫生立即給我做了頭部穿孔引流手術。幸虧搶救及時，手術比較順利，我才轉危爲安。手術後，兒孫們輪流陪伴我在病床上度過了三十八個日日夜夜，對我悉心照顧。

在宜昌住院期間，領導、同事、親友共六十多人先後專程去看望我，安慰我，鼓勵我。

農曆八月十三日，是我康復出院的日子，也是我六十歲的生日。兒子喬德宏夫婦特意爲我在宜昌賓館訂了一桌豐盛的壽筵，使我愉快地度過了這個難忘的花甲壽誕！

俗話說：「大難不死，必有後福。」我深知，這是人們對遇險者的慰藉，但願能得到印證，成爲現實！

我康復以後，就辦理了退休手續，離開了工作崗位。掐指一算，我已整整工作了四十三年。

四十三年的風風雨雨，四十三年的摸爬滾打，總算用心血和汗水畫了一個圓滿的工作句號，開始了我人生的第二春！

每當我路過這裏時

素有興山南大門之稱的峽口鎮，既是秭歸與興山的交界處，又是高嵐河與香溪河的匯合點。此地因兩座高山對峙聳立，中間一道峽谷而得名。

據老年人說，過去這裏怪石嶙峋，山路崎嶇，交通不便，人們迫於生計，不知有多少背腳子（背貨的人）被洪水吞沒；現在，大橋飛架，車水馬龍，四通八達。但有誰知道五十年前修築這段不到兩公里的公路時，曾付出過三條人命的慘痛代價。因此，每當我乘車從這裏路過時，總要向外面望一望，心裏久久不能平靜……

一九五八年春，人們期盼已久的興山第一條公路——興香線（興山至香溪）終於開工了。因爲修這條公路全是土法上馬，修築工具十分落後，資金、勞力全部是當地政府通過平調籌集的，民工生活十分清苦，死人的事也經常發生。我印象最深的有這樣三件事：

•蔣光前染病早逝

蔣光前，中等身體，較清瘦，生性憨厚樸實，雖然說話有些口吃，但愛唱山歌，說趣話，調侃人家。我和他一起在峽口修路時，耳聞目睹的三個小故事，足見他的個性特點。

陽春三月，春寒料峭，細雨綿綿。我們大隊共有七個青年夥伴，受大隊長的指派，首次離家赴大峽口修公路。臨行時，我的母親再三叮囑我：「出了遠門，人生地不熟，要緊開口，慢開言，不要惹禍，要注意安全……」我都牢牢地記在心裏。

一路上，大家談笑風生。蔣光前向我們講了一個小故事：「我的爹講，在舊社會當夫時，一次歇棧房登記，我爹本來叫蔣金昌，爲了難倒那個登記的人，故意把蔣金昌報成蔣『jiong』昌，那個人不會寫『jiong』這個漢字，問能不能寫成蔣金昌，爹故意大爲惱火地說：『我幾十歲了還改個名字？』登記人很爲難，因寫不到『jiong』字，只好不收他的住宿費。」「我今天報名也開個玩笑試一試，」大家聽後覺得很有趣。而沒有一個人提醒他，這可搞不得。

在工程指揮部報到那天，大家在屋外面排成隊，依次報名登記。一會兒輪到蔣光前了。登記員問他叫什麼名字，多大歲數，什麼成份時，蔣光前不慌不忙地說：「我叫（養）光前」，登記員說，「百家姓我讀過，哪有什麼姓（養）的？興山縣更未聽到說過這個姓，你是不是嘴養（癢），想挨嘴巴！」當時大家忍不住，撲哧一笑！登記員發覺了，是蔣光前在戲弄他，罵道：「你這個狗結巴，人不成還想來耍我？」我在一旁連忙解釋道：「他叫蔣光前，開個小玩笑，您千萬莫在意，我們都是第一次出遠門，沒經驗，請您多原諒。」登記員一邊登記，一邊嘟嘟囔囔地說：「小娃子出門應該誠實點……」

眞是福無雙降，禍不單行，蔣光前那天該倒霉。

天快黑了，我們在杜婆婆家裏開地鋪睡覺。大家把分的幾捆稻穀草，往堂屋中間一鋪，放上棉絮和鋪蓋，你挨著我，我挨著你，像排苕一樣準備睡覺時，別人都用自己的衣服做枕頭，而蔣光前卻把杜婆婆的一個長南瓜悄悄抱來做枕頭，並自言自語地說：「這個——枕頭瓜正好做——做枕頭。」哪知他剛剛睡下去，就被杜婆婆發覺了，罵道：「你這個不作孽的東西，南瓜是我做菜吃的，還是你做枕頭睡覺的，心腸哪這麼壞呀！你們住在我家裏若不規矩點，給我滾蛋！」蔣光前很羞愧地把南瓜小心翼翼地放回到了原處，一聲沒吭。

過了一會兒，他小聲對我說：「怪不得老輩子說，在家千日好，出門時時難啊！我今天眞倒霉呀！看來我第一次出門這個發市（開端）未做好。」我小聲地安慰了他幾句。不一會兒，大家進入了夢鄉。

「眞是見羅和尙」。這句話在我們家鄉是做事不順當，運氣不好的意思。可是，蔣光前在工地上又恰恰碰到過這樣的事，一句話出口，幾乎惹出禍來。

一九五八年是歷史上少見的農業豐收年，特別是黃豆產量成倍增產，所以這次黃豆竟成了修路民工的主食，蔬菜大部分是老南瓜，有時中午煮一次紅糙米稀飯，作爲調劑民工伙食。有一天下午兩點多鐘了，給工地送稀飯的還未見人影，大家肚子餓得咕咕叫，不知是怎麼回事。後來張班長才告訴大家：「挑稀飯的羅發清在路上不小心摔了跤，一擔稀飯全潑在路上了，請大家再堅持一會兒，伙食團正在想辦法解決。」

羅發清，五十歲上下，乳名叫和尙，熟悉他的老年人都風趣地叫他「羅和尙」，他也從不在意。

過了一會兒，大家遠遠地望見羅發清挑著擔子氣喘吁吁地走來了，人們以爲是挑的稀飯，結果走近一看，他挑的是一擔南瓜湯。一群早已餓餓難忍的小夥子都在失望地嘀咕著。唯有蔣光前拿著勺子在桶裏攪了幾下，不耐煩地大聲說：「今天眞是——見——羅和尙！」話音剛落，站在一旁的羅發清卻腦羞成怒，舉起扁擔，一邊罵道：「你這個狗東西，我這個羅和尙是你喊的呀！」一邊朝蔣光前身上打去。蔣光前嚇得連打飯的碗也掉在地上，直往人群中鑽，後來在大家的勸說下，羅發清才息了怒。

秋去冬來，新修的公路上積了厚厚的一層白雪。連續七個多月的緊張施工，工程總算告一段落，大家收拾好行裝準備回家過年。

我們從大峽口回到水磨溪必須越過香溪河。那個時候，河上只有一座小木橋，雖然河面不寬，但橋下水流很急。過橋的人若沒有經驗，眼睛只盯著橋面，因水的流速太快，你就會產生錯覺——水未動，而橋跑了，人就會驚惶失措，落入水中。

過橋時，蔣光前走在最前面，我在岸上清楚地望見他，剛走到河中心時，就大喊大叫：「搞拐噠，橋跑了！」說時遲，那時快，一眨眼，撲通一聲——蔣光前背著鋪蓋捲掉到河裏去了。我們在岸上大聲喊：「救命啦！救命啦！」對岸的人聽到喊聲時，蔣光前已經被河水沖走二十多米遠了，忽然，一個叫李作林的民工，跳下水把他救上了岸。

數九寒冬，蔣光前的衣服都打濕透了，面色蒼白，全身直打哆嗦。我們給他湊了幾件單衣換上。從此，蔣光前就患上了嚴重的支氣管炎，久而久之，染成了嚴重的肺心病，病情逐漸加重，醫治無效，不幸抱病早逝，年僅四十多歲。

•一男孩禍從天降

從昔日的大峽口到平邑口一帶，沿途儘是懸崖絕壁，成了人們打開通道的攔路虎。爲了攻克這道難關，民工們在叫高山低頭，要河水讓路的戰鬥口號下，施工員腰繫紅繩，吊於岩壁上，硬是靠鋼釘大錘來開山鑿石。什麼大炮、小炮、扒炮、罐子炮，成天炮聲隆隆，到處飛砂走石，即使上級一再強調要安全施工，但是人員傷亡仍時有發生。

在一個叫鷹子咀的岩頭上，施工員已連續在那裏啃了一個多月了，因爆破物資供不應求，工程進度十分緩慢，於是工程指揮部下死命令：要集中人力物力，必須在五天之內拿下這個山頭，把路搞通，否則，汽車開來了，民工用桿子也要把車抬過去！

命令如山倒。施工員急中生智，苦戰了三個晝夜，挖了一個能裝一千多斤炸藥的罎子炮。

那天中午，我們正在距放炮點約兩公里的地方開中飯，忽然「轟」的一聲巨響，從半空中「嗚」的一聲飛來一塊大石片，正掉在我們的湯菜盆裏，菜湯濺得我們滿臉都是，大家都驚呆了，預感到這是不祥之兆。

不一會兒，果然聽到香溪河對岸一農戶傳來一陣慘叫聲。原來，因石炮威力太大，石頭飛過河去把一個正坐在大門口吃飯的不滿三歲的小男孩砸死了。

眞是人在屋裏坐，禍從天上來呀！

指揮長劉啓家得知這一驚人的消息後，早已嚇得魂不附體，飛也似地跑過河去，料理這個不幸的孩子的後事。

•鄒發才倒在血泊中

在勞動工地上，我們經常可以看到一個身著安全服，頭戴安全帽，手持小紅旗，胸前掛一個閃閃發光的大口哨的青年男子，他，就是工地的爆破員——鄒發才。

鄒發才，三十歲上下，個頭不高，略清瘦，說話風趣，做事麻利，大家都很喜歡他。

工地上放大鑵子炮使河對岸的小男孩致死的事故，引起了工程指揮部對安全施工的高度重視，爆破員鄒發才也無不痛定思痛。但迫於工程進度的壓力，不得不採用新的爆破方法，即改以往放大鑵子炮爲巧放連環小石炮。這樣既可以減少放炮時疏散民工的頻率和時間，同時又能提高爆破的工作效率，這一方法，很快得到上級的肯定。

鄒發才點炮時，由原來的一次點一炮，增加到三炮、五炮、八炮到十幾炮。經過逐步試驗，效果很好。他點炮的膽量也越來越大了。一度，大家都稱他爲爆破能手。

誰知天有不測風雲，人有旦夕禍福。

有一天下午快收工的時候，天氣突變，烏雲密佈，雷電交加，霎時，工地上空像扣著一口大黑鍋似的，顯然將有大雨來臨。

噓、噓、噓……收工的哨音響了，民工們都陸續地離開了工地。

鷹子咀岩頭上那天一共打了十四個炮眼，並都裝好了藥。按原計劃要分兩次引爆，但由於天氣原因，鄒發才藝高人膽大，想十四炮一次引爆，以免大雨來臨，給炸藥雷管造成浪費。

然而，從點第一炮到最後一炮，共要多長時間？導火線的長短與點炮時差比例？點炮後跑哪條線路？躲到什麼地方才安全等等，他都沒有認眞考慮，只覺得這一炮十四響，炸它一大方，該多好啊！

轟、轟、轟！從遠處傳來幾聲炸雷。鄒發才更加心急如焚，便奮不顧身地爬上岩頭，開始點炮。一炮、二炮、三炮……，哪知剛點到第十炮時，突然「轟」的一聲，第一炮爆炸了！碎石塊鋪天蓋地，像魔鬼似地向他襲來，鄒發才倒在了血泊中……

正在開晚飯的民工們，得知這一噩耗，都不由自主地放下了手中的碗筷，像失去親人似的低聲歎息，潸然淚下。

唯有犧牲多壯志，敢教日月換新天。興香公路終於通車了！歷史的車輪將永遠帶著人們滾滾向前。

隨著三峽工程的大開發，雖然這條公路早已被水淹沒，可是它像一條彎彎曲曲的巨龍，仍靜靜地躺在浩瀚清澈的水庫之中，在藍天白雲的映襯下，伴著層層漣漪，隨波蕩漾……

它好像是在告慰人們：爲公路建設而獻出生命的人，英靈猶在，精神永存！

信仰

信仰，詞典中的解釋爲對某人或某種主張、主義、宗教極度相信和尊敬拿來作爲自己行動的榜樣和指南。

古人云：人各有志。其意思是，人生在世，各自都有不同的政治信仰和目標追求。

過去，人們把人生幸事歸納爲久旱逢甘露，他鄉遇故知。洞房花燭夜，金榜題名時。顯然，這是社會的局限和陳舊的人生觀念的產物。

然而，斗轉星移，隨著改朝換代和社會的進步，人們的認識也有了質的飛躍。概括爲人生的「三大光榮」。即從小就要胸懷實現共產主義的大目標，不懈努力，積極創造條件適時地加入中國少年先鋒隊、中國共產主義青年團和中國共產黨組織。

我雖然生不逢時，歷經坎坷，甚至瀕臨死亡的邊緣，但是，從我記事起，崇尚科學，崇拜偉人，信仰馬列的人生觀，任憑政治形勢如何變幻，其信仰是一刻也未動搖過的，並一生爲之奮鬥。我想這大概是與先輩們不畏艱難困苦，窮則思變，矢志不移的遺傳基因和後天的愛國愛民的進步思想教育是分不開的。因此，通過四十多年的奮力拼搏，致力追求人生的「三大光榮」，最終總算如願以償。

•在「火線」上入隊

中國少年先鋒隊，顧名思義，是新中國少年兒童的先進組織。我在學校聽老師講，隊員佩戴的標誌——紅領巾，代表五星紅旗的一角；其紅色意寓爲革命先烈的鮮血染成，象徵著革命的勝利。誰戴上紅領巾，就意味著從小就要胸懷大志，忠實地繼承革命先烈的遺志，當一個紅色少年，將來成爲共產主義事業的接班人。少先隊隊禮，少先隊員行禮時，必須站正，兩眼平視前方，將右手五指閉攏，高高舉過頭，意爲人民利益高於一切。〈少先隊隊歌〉第一句歌詞就點明了主題意義：我們是共產主義接班人……。少先隊的呼號爲：準備著，爲共產主義事業而奮鬥！大家齊聲回答：時刻準備著！

雖然少先隊僅是少年兒童的群眾組織，但在二十世紀五、六〇年代，要接受一個新隊員入隊，除了本人要品學兼優以外，其「家庭出身」問題，同樣在「考察」之列，所以，我在界牌埡小學讀書時，曾三次提出申請，最後，以「該生學習成績一貫優秀，政治表現突出，且入隊要求迫切」才得以被批准入隊。我第一次戴上紅領巾那天的激動心情至今還記憶猶新。

一九五六年五月三十一日下午，噹噹噹，噹噹噹……學校的集合鈴響了。全校師生在操場上集合，召開慶祝六一兒童節動員大會。大會由周遠緒校長主持。

周校長，身材高大，四十歲上下，一雙濃眉大眼，言談舉止，嚴肅大方，治校嚴謹。學校每次集會，他只要朝隊伍前面一站，全場頓時鴉雀無聲。

周校長簡單地對慶祝六一節的意義和要求講了幾句話以後，接著由少先大隊輔導員孫光表老師對六一節的活動作具體安排。

孫光表老師是剛從宜昌師範畢業後被分配到界牌埡小學任教的。他，二十出頭，中等身材，體態清瘦，烏黑發亮的青年小分頭下面，一雙眼睛顯得格外炯炯有神。語言幽默，舉止端莊，慣用聲東擊西和借此喻彼的教育方法，學生見到他無不敬畏三分。

他登臺發言的第一句就說：「同學們，大家在語文課文中學了不少關於革命英雄的課文，像〈小英雄雨來〉、〈黃繼光〉、〈董存瑞捨身炸碉堡〉、〈邱少雲〉等等，明天的活動啊，我們就想把隊伍拉到野外去實地檢驗一下大家學習英雄的實際行動，開展一次以『學英雄，見行動』爲主題的慶六一的隊日活動，還要在野外舉行新隊員入隊宣誓儀式，叫做『火線』入隊。大家說好不好？」同學們齊聲回答：「好！」

說到這裏，一向說話十分風趣的孫老師，突然有意識地望著大家，沉默不語。同學們頓時都在交頭接耳，小聲議論：明天老師會把我們帶到什麼地方去？開展什麼活動？吃飯、喝水怎麼辦呢？……大家把目光一起投向孫老師。孫老師面帶微笑，早已明白大家的意思。

過了一會兒，孫老師又開始講話了，「大家別著急，明天的活動叫做野外模擬軍事演習活動。」隊伍中有個「小調皮」脫口而出：「那才有味兒啦！」

接著孫老師對活動的準備工作作了具體安排：每一個同學（三年級以上）用稻草仿做五個手榴彈，用繩子綁成一排，掛在腰間，帶好乾糧（熟食）和飲用水。四年級的同學每人帶一根白頭巾，其餘的同學每人用樹枝條做一頂樹葉帽。並且特別強調，平時喜歡打赤腳上學的同學，明天一律不准打赤腳，以免把腳戳傷了。最後，孫老師還強調了活動的組織紀律和其他有關事宜。

落日的餘暉，映紅了張張笑臉，同學們個個摩拳擦掌，躍躍欲試。我跟同學們一樣激動得一夜連覺也沒睡好。

翌日，晴空萬里，到處鳥語花香，景色宜人。三百多個同學在孫老師帶領下，頭帶柳葉帽和白頭巾，背著手榴彈，帶著乾糧，高舉紅旗，敲鑼打鼓，雄赳赳、氣昂昂地向距學校約兩公里的陳家灣對面的饅頭山進發。

到達目的地以後，孫老師對演習活動進行了周密部署：四年級頭繫白毛巾叫「白軍」，安排上山，固守山頭。其餘的同學頭戴柳葉帽叫「紅軍」，埋伏在山下的荊棘叢中。一時間，山上山下，鴉雀無聲。

大約一刻鐘左右，噹、噹、噹……銅鑼篩將起來，山下的紅軍順著饅頭山圍上去，一邊高喊「衝啊！殺啊！」，一邊拼命地向山頂衝去。山上的白軍也大喊「敵人來了！敵人來了！」兩軍對壘，若哪一方戰士被手榴彈擊中一次爲「犧牲」而倒下。結果，因守山的部隊寡不敵眾，山下的紅軍大部分都攻上了山頭，把紅旗插上了山頂，紅軍終於獲勝了。頓時，吶喊聲、歡笑聲響成一片。

最後，在孫老師的口哨聲中，宣布「戰鬥」結束。大家在山頂上列好隊，孫老師對這次活動，簡單地進行了小結，表揚了一批嚴守紀律、不怕困難、機智勇敢的同學，指出了少數同學紀律不嚴，「武器」使用不當等問題。演習結束，野炊開始，休息片刻之後，準備進行下一項活動——「火線」入隊。

初夏的饅頭山上，一棵棵筆直的蒼松，一叢叢知名的和不知名的野花，在藍天白雲的映襯下，顯得格外美麗。山頂上有一大塊草坪，長滿了各種顏色的小花和碧綠的小草，軟軟的，厚厚的，像一塊色彩斑斕的大地毯。同學們有的坐在上面啃饃，有的在上面打滾，有的坐在樹蔭下拉歌子……玩得正開心！忽然集合哨響了，大家迅速列隊站好。孫老師戴著紅領巾，走到隊伍的前面，宣布新隊員宣誓活動開始。首先由樂隊奏樂，以渲染入隊儀式的莊重氣氛。接著，按照《隊章》規定的入隊宣誓程序一一進行：出旗、唱隊歌、宣布新隊員名單（出列整整齊齊地站成一排）、給新隊員佩戴紅領巾（由老隊員分別給新入隊的同學戴好紅領巾以後，相互敬隊禮，以示非隊員從此成爲正式隊員）。輔導員最後作總結講話。隊旗退場，儀式結束。

這一次，我和十八個小夥伴一起，第一次戴上了光榮的紅領巾，心裏樂滋滋的。

・在「運動」中入團

中國共產主義青年團是中國共產黨的後備軍和接班人。在二十世紀五、六〇年代，吸收一個青年加入團組織，其政治條件要求是比較高的。特別是對所謂家庭出身不好的人要求入團，政治審查更爲嚴格。

新中國成立以後，中國共產黨爲了鞏固來之不易的紅色政權，在建國近半個世紀裏，大體經歷了民主革命、社會主義革命和改革開放三個重要階段。先後開展了減租退息、鎮壓反革命、土地改革、「三反」「五反」、社會主義大教育、整風反右、大辦人民公社和文化大革命等一系列政治運動。這些運動，自上而下，從學習政策、宣傳發動到揭露矛盾、開展批判鬥爭，從組織處理到建綱立制，無不伴隨著革命與反革命，奪權與反奪權，公與私，新與舊的矛盾和鬥爭。所以，凡經歷過這些運動的人，無不受到正反兩方面的思想教育和政治鍛煉。尤其是從一九五七年至一九七七年的二十年間，在階級鬥爭一抓就靈的指示下，在文化教育領域裏開展的政治鬥爭更加頻繁。當時正是我在蘇家嶺小學擔任民辦教師期間。對我這個家庭出身不好的青年來說，每經歷一次政治運動，無疑就是對我的立場觀點、政治表現的一次戰鬥洗禮。現在回想起來，無論當時運動的性質、方式和結論正確與否，對我個人的成長是大有裨益的。因爲它可以使你的政治嗅覺更加敏銳，爲人處世更加謹愼，使之不犯錯誤或少犯錯誤。尤其是「三種人」對我的教育極爲深刻：一是偉人的風範使我確立了正確的人生觀。歷史上周恩來、劉少奇、鄧小平等一批老一輩無產階級革命家，都出身於非無產階級家庭，他們都徹底背叛了自己的家庭，投身革命，出生入死，爲民立極，名垂青史。足見出身不由己，道路可選擇的階級政策之英明。二是工農的形象，使我確立了做人的標準。就是不畏艱苦，勤勞樸實，對黨和人民無限忠誠。三是壞人的下場，使我時刻在思想上敲響警鐘，只要你堅持與人民爲敵，爲所欲爲，就必定死有餘辜，貽害子孫。所以，在階級鬥爭異常激烈的歲月裏，我在黨的有成份論，不唯成份論政策的感召下，毅然背叛了剝削階級家庭，堅持用正確的理論和科學文化來武裝自己，堅持和貧下中農打成一片，無論是被派到楊家山燒木炭，大峽口修公路，張家院煉鋼鐵，涼風埡背鐵板，仙侶山挖鋁礦，總是不畏嚴寒酷暑，有令必行，出色地完成任務。在教書這個崗位上，我深知這個崗位的重要性和特殊性，我覺得，黨和人民放心讓我當一名人民教師，這是對我莫大的信任。所以我堅持數年如一日，言傳身教，視學生為朋友，視講臺為戰場，堅持用正確的思想觀點教育學生，從小就要胸懷大志，苦練本領，報效祖國，教學品質大幅度提高，多次受到上級獎勵。

一九六三年春，「四清」（清經濟、清工分、清倉庫、清思想）運動在全國農村開展。這次運動較之歷次運動，涉及的範圍最廣，持續的時間最長，負責指導運動的領導幹部的級別最高（一般都是省級幹部深入到村），要求特別嚴格，是一次大規模的遏止貪污浪費、鞏固集體經濟的社會主義教育運動。

運動一開始，工作隊通過摸底排類，將全村兩百多個成年人劃分成依靠對象、團結對象、被清理的對象和重點打擊的對象等四種人。做到有的放矢，各個擊破，運動的氣氛可謂森嚴。我的繼父喬會昌就是這次運動因貪污公款被判刑勞改的。我雖然是一個民辦教師，因家庭出身不好，無疑被定為可以團結教育的對象。

在學習文件、宣傳發動階段，要求人人表態。工作隊看了我的書面思想匯報以後，還分別召開了貧下中農代表會、學生家長會和學生代表座談會，全面瞭解我任教學校（一到四年級五十多個學生）歷年貫徹黨的教育方針的情況、教育教學的情況。省公安廳的張副廳長還親臨課堂聽我授課，查看學生作業，認為我的工作態度是端正的，作風是扎實的，教學品質也比較高。

冰凍三尺非一日之寒。工作隊通過兩個多月的內查外訪，總算開始轉變了對我的看法，進入了他們培養運動積極分子的視野。從此才吸收我參加某些會議，並安排我利用工餘時間參與運動的宣傳，清理測算和材料整理工作。出色的工作表現終於得到了工作隊的一致好評。

那年的「五四」青年節，經村黨支部同意，在村團支書袁裕全同志的關心下，正式批准接受我爲一名光榮的共青團員。在全村創造了「可以教育好的子女」加入團組織的先例。

・在春風中入黨

一九七八年十二月十八日至二十二日，黨的十一屆三中全會在北京召開。這次會議徹底推翻了「兩個凡是」的方針，重新確立解放思想、實事求實的指導思想，實現了思想路線的撥亂反正；形成以鄧小平爲核心的黨中央領導集體；恢復黨的民主集中制的優良傳統，提出使民主化、法制化的重要任務；審查和解決歷史上遺留的一批重大問題和一些重要領導人的功過是非問題，開始了系統清理重大歷史是非的撥亂反正。會議還提出了正確對待毛澤東的歷史地位和毛澤東思想的科學體系。全會作出的實行改革開放的新決策，開始了中國「以階級鬥爭爲綱」到以經濟建設爲中心，從僵化、半僵化到全面改革，從封閉、半封閉到對外開放的歷史性轉折。

這次劃時代重要會議的精神，猶如強勁的春風吹遍了祖國大地。教育戰線這個受文革十年浩劫的重災區，同全國各條戰線一樣迎來了燦爛的春天，迅速步入改革開放的快車道。廣大的教育工作者，由昔日的「臭老九」成爲工人階級的一部分，大批長期在極左路線的干擾下，深受壓抑的知識份子，如釋重負，重新回到了講臺。

我這個一向被認爲所謂可以教育好的子女，雖然在歷次政治運動中未受過大的衝擊，但思想上的羈絆感受是不言而喻的。

一九七九年春，公社黨委和教育行政領導鑒於我任民辦教師多年，且長期在村級學校埋頭苦幹的工作態度和工作業績，調任公社中學任重點畢業班班主任和語文教學工作，當時對我這個教育戰線的平頭小卒來說，猶如平步青雲，喜而不寐，覺得全身有一股使不完的勁。

一分耕耘，一分收穫。從一九七九年至一九八三年的四年間，我任教的中考成績全縣奪魁：在公社任教研員、師訓員時，普及教育和師訓工作名列前茅；教學管理和研究工作的經驗，在宜昌市教研先代會上得到推廣。一九八一年春縣教育局破例批准我一人由代課教師轉爲國家正式教師。一九八三年六月，在公社黨委書記韓定春同志的關懷下，由傅光亮、王文芳二同志介紹，我光榮地加入中國共產黨，實現了我多年的美好夙願。

學書法的苦與樂

書法，中華民族文化之瑰寶。我從小就在爺爺和蒙師的輔導下開始學習書法。從描紅、仿影到脫手寫字的情景至今記憶猶新。

書法，猶如我鍾愛的朋友，已伴隨我走過了六十多個春秋。爲了學習她，應用她，有苦有累，有惠有樂。

俗話說：愛好是最好的老師。書法之所以對我來說有如此的藝術魅力，大概有三個原因：一是它的藝術性比較強。因爲書法在中國源遠流長，種類繁多，最基本的書寫形式就有篆、隸、楷、行、草等，有的飄逸瀟灑，有的古樸端莊，有的雄壯豪放，有的韻味深長，無不令人陶醉。二是它有較廣泛的實用性，爲人們喜聞樂見。尤其是在農村，人們衡量一個語文老師水準的高低，往往不外乎「三個一」，即寫一筆好字，說一口較流利的普通話，寫一篇好文章。因爲職業的特點，也促使我必須加強對書法的學習。隨著社會的進步，大到社會宣傳，小到家庭的婚喪嫁娶，都離不開書法藝術來烘托氣氛，凝聚人心。三是學書法可以陶冶人的情操，強身健體。特別是當你處於逆境時，練習寫字可以調整你的心態，忘掉你的煩惱，增強你的自信，克服你的急躁情緒，保持平心靜氣。同時，通過書法還可以取長補短，切磋技藝，增進親友間的團結和友誼。

回首往事，一晃半個多世紀過去了，我從學習書法到運用書法，留下了很多有趣的故事。

・苦練筆功

有一句俗話：能寫千筆萬畫，不寫牆上一掛。意思是若在紙上寫字，因爲是平面視角，容易把握寫字的力度和字的間架結構。而在牆上寫字，因爲是懸腕行筆，面壁布格，最容易出現不是力度不夠，就是雜亂無章，使人難看。我在練習書法的過程中，就曾經經歷過這樣一個艱苦的過程。

辯證法告訴我們，壞事可以變成好事。我練書法就是如此。

二十世紀六〇年代中期，文化大革命運動開始了。因爲這場運動是奪權與反奪權的鬥爭，所以當時老幹部一律「靠邊站」，除了「走資派」和地富反壞右分子屬於專政對象以外，連一些所謂家庭出身不好的子女也成了打擊的對象。不僅不能參加所謂的「戰鬥隊」，連參加會議的權利也被剝奪了。一個人一旦突然失去了政治生命，就像掉了魂似的，覺得十分痛苦和無聊。

天不生絕人之路。一九六六年八月份，毛主席在天安門接見第一批紅衛兵以後，語錄不離手，萬歲不離口的林彪，爲了實現其篡黨奪權的政治野心，打造所謂的突出無產階級政治輿論，發出了「學習和宣傳毛澤東思想要做到高於一切，大於一切，先於一切，重於一切」的號召。基層的造反司令部，一唱一和，立即響應中央文革的號召，要求凡是有人群的地方都要書寫公正醒目的政治標語，如林彪親自題寫的「讀毛主席的書，聽毛主席的話，按毛主席的指示辦事，做毛主席的好戰士」等等；每一個農戶的正面牆上都要寫上毛主席語錄；每一個生產隊文化室（造反司令部所在地）都要在大門兩旁仿寫林的手體「大海航行靠舵手，幹革命靠毛澤東思想」或做上四海翻騰雲水怒，五洲震盪風雷激的政治楹聯。要求白底紅字，莊重大方，任何人不得敷衍了事！執筆者一律從中小學教師中抽調。

當時，我正在仙侶、紅岩兩個村合辦的仙侶中小學任教。寫標語的差事，就責無旁貸地落到了我的肩上，昔日的「局外人」，轉眼成了毛澤東思想的宣傳員。正如當時有些人嘲笑我說的：喬老師也成了跛子的屁股——翹（俏）貨！

提起在牆上寫字，眞叫明輕暗重，有苦難言。因爲大標語一律要求用仿宋或黑體字書寫，橫平豎直，一筆不苟，加之我是初學寫這兩種字體，爲了不出差錯，必須先畫格子，然後用鉛筆和米尺在牆上勾畫出字的輪廓，再用油漆小心翼翼地一筆筆地塡寫。加之天寒地凍，又是在距地面六、七米的牆上運筆，要寫成一個字，至少要在木棍棍梯子上爬上爬下好幾次。木梯搖搖晃晃，雙腿顫顫悠悠，心裏忐忐忑忑。再加上經常傳來一些可怕的消息：金能兵老師在界牌埡寫標語時，不愼從梯子上摔下來，搭掉了幾顆門牙，住進了醫院；王三才老師做標語時，油漆的顏色混雜，將毛澤東思想的「思」字中間的一點寫成了黑紅色，紅衛兵硬說他別有用心，挨了批鬥，幾乎成了政治犯；城關的甘元釗老師寫標語牌時，將橫掃一切牛鬼蛇神的「橫」字誤草成「摸」字，被紅衛兵發現，當場被揪出來亮相示眾……更使人膽戰心驚，不寒而慄！

連續一個多月的牆上作業，我雖然腿站腫了，手腕寫疼了，但是給了我一個苦練書法的極好機會。不僅磨煉了革命意志，而且提高了懸腕運筆的能力。直到如今，我雖然已年過花甲，但臂力仍不減當年，寫起懸筆字來，可謂得心應手，無不得益於「文革青年功」啊！

•書法會友

一九八二年，在副縣長劉世義同志的倡導下，興山縣書法家協會正式成立。我應邀以一副小小的作品取得了會員資格。從此，我以一個正式會員的身份參加了一些培訓和競賽活動。通過這些活動，我結識了不少書法名家，如省書協的鄒正先生，市書協主席王淩山同志，縣書協的屈祖培、龍開舉、吳佑忠、龔勇、鍾邦志、鍾家林、屈祖慶等同志。他們的書法藝術，可謂出類拔萃，各有千秋，使我收益匪淺。

教育戰線也是文化藝術人才較爲集中的地方。我任縣教育工會主席以後，也成立了教育系統書畫協會，開展了一些競賽活動。通過培訓、作品評選和展覽活動，發現了一批書畫水準較高的教師，並經常和他們保持聯繫，相互取長補短。既活躍了教職工的文藝生活，也提高了教師的書畫藝術水準，教學相長，相得益彰。這一舉動，受到了上級有關單位的重視和好評。

新千年開始，宜昌市總工會、宜昌市工人文化宮聯合舉辦了「五十年發展盃」美術、書法、攝影展覽，我的作品獲了獎，並同時接納我爲宜昌市書法協會正式會員。幾十年來的書法藝術的學習和訓練，其結果總算得到了專家們的認可，可謂如願以償。

二〇〇〇年十一月，我們興山十二位工會代表，在縣委副書記向紅星同志帶領下，參加了宜昌市第二屆工會代表大會。應長陽縣總工會的邀請，赴長陽旅遊觀光，受到了長陽縣委、政府的熱情接待。酒宴後，時任長陽縣縣長的譚徽再（現任省廳級幹部）同志邀請興山的客人有什麼感慨請留下墨寶，以作紀念。大家一致推薦我執筆。因縣長話中的「墨寶」一詞，不禁使人聞而生畏，不敢貿然應邀。我再三推辭，但無濟於事。於是，恭敬不如從命，只好當眾臨場獻醜。

譚縣長興致勃勃地帶領我們走進書畫室。有名的清江文化宮，富麗堂皇，文房四寶早已備齊。人們怎麼也沒有料到，譚縣長首先自己上前，在畫桌上把宣紙展開，並牽著紙和藹地說：「請先生動筆。」我十分拘謹地彎下腰，小聲說道：「縣長勞駕，在下不敢落筆。」譚縣長笑著說：「沒關係，沒關係，你是客人，互相學習嘛！」於是，我便鼓足勇氣，揮毫寫下了「慕名觀光土家地，流連忘返新長陽」幾個大字，譚縣長可能是爲了安慰我，連聲說：「很好，很好！」我卻在一旁愧疚得冒出了一身冷汗。

一位同志搶拍了這個場面。這張珍貴的照片，至今我還珍藏著。

農村是一個廣闊的天地，書法藝術在農村也大有所爲。

按照農村的習俗，過春節要寫春聯，結婚要寫婚聯，老人壽誕要寫壽聯，地方較有聲望的老人去世要寫挽聯，以寄託晚輩對已故老人的哀思。尤其是過春節時，幾乎家家戶戶都要貼春聯，以增加節日的喜慶氣氛。有些迷信的人，還可以通過寫春聯的下筆和落筆的情況，來推測來年家庭的運程。

每年從農曆臘月二十八開始到大年三十上午，一個生產隊四十多戶人家，幾乎家家都要請我去給他們寫春聯。有時白天忙不過來還要打晚工寫。家家都已備齊了年貨，甜甜的湯圓，香脆的麻花，鮮嫩的魚、肉，還有香煙和包穀酒，應有盡有。我這個上門服務的土文人，便成了他們的座上客。只要幾杯老燒一下肚，隨之而來的就是面帶春色，欣然提筆。寫起字來龍飛鳳舞，一氣呵成。一些有文化的農民目睹這些對聯吉祥的話語和遒勁的筆鋒，暗暗祈禱來年家庭幸福安康，笑得合不攏絡腮鬍子嘴，嘖嘖稱讚：「好字，好字！」

通過這些文化活動，不僅使我消除了煩惱，增添了愉悅，還交了不少知心農友，得到了他們的許多幫助。

二〇〇一年我退休以後，有些學生家長和教師向我進言，您一向愛好書法，退休以後，可以發揮餘熱，開辦一個書法班，把書法藝術傳授給小孩子們，一來您精神上是個寄託，二來還可以得到一些經濟實惠，不是一舉兩得嗎？同志們的建議使我很受啓發。辦班的教室、課桌凳、黑板，黃糧小學和鎮幼稚園都表示大力支持。就這樣，一個二十四人的少年書法班終於辦起來了，最大的十四歲，最小的七歲半，他們勤奮好學，活潑可愛。

爲了使孩子們學有所得，我按照教學的備、上、批、輔、考五個教學環節，從寫字的姿勢，握筆的方法，到漢字的起源、筆劃筆順、間架結構、基本書體和整體章法等七個方面，進行了認眞的備課。講課時，根據兒童的認知特點，儘量運用直觀啓發式教學，從描紅、仿影到脫手臨摹，循序漸進，分類輔導，有時還開展一些小競賽活動，讓孩子們在樂中習字，在玩中求知，較爲生動活潑，教學效果比較明顯，學生家長也很滿意。

但是，我畢竟是二十多年未上講臺了，一堂課講下來，不僅口乾舌燥，而且覺得頭昏腦脹，力不從心。加之現在一些獨生子女，十分頑皮，嬌氣重，膽子大，下課時追逐打鬧，很不安全。有的甚至敢跳上圍牆，手舞足蹈，險些出事，無不使我擔驚受怕。人到晚年，確有貪圖安逸，不思進取的弱點，加之我在古夫新縣城買了住宅，要離開黃糧鎮。少年書法班也就停辦了。

・寫碑之樂

隨著城鄉物質文化生活水準的提高，碑文化越來越使人們得到重視。很多經濟條件較好的人家，都想爲已故的親人樹碑立傳，以示紀念，已成爲一種時尚。同時，撰寫碑文也成了一些文化人的熱門行當。因此，我這個書法愛好者自六〇年代以來就被應邀參加了這一藝術的實踐活動。

寫碑，包括撰寫碑文和書寫碑文（即把碑文工工整整地書寫到打磨的碑面上去，石匠再進行雕刻）兩個程序。這是打碑從設計繪圖到擇時刊立中，必不可少的重要環節。實踐使我體會到，一座碑要想達到一定的藝術效果，除了石匠有精湛的工藝以外，還取決於寫碑人的藝術造詣和寫作水準，使其既要有紀念意義，又要有觀賞價值。做到如此這般，並非易事。因爲打碑大多是野外作業，沉重的石料不易隨意搬動，只能就地操作，所以，書寫的時候必須趴在碑面上懸筆而書，十分辛苦。若單位打紀念碑、功德碑、里程碑之類，均有豐厚的酬金；若個人奉請幫忙，其深情厚誼卻遠遠超過了金錢的價值。所以，寫碑這個行當，有苦有累，有惠有樂。

俗話說，每逢佳節倍思親。因爲寫碑，我也結識了不少德高望重的領導幹部、博學多才的有識之士和重情厚意的知心朋友。交談中，他們的言談修養無不使我欽佩。幫忙後，他們的酬謝舉動無不使我感動。

年年歲歲，歲歲年年，每年都有一個臘月二十八日。然而，一九九六年的臘月二十八日，友人冒雪辭年的事，使我至今難忘。

這一天清晨，刺骨的寒風呼呼直叫，鵝毛大雪紛紛揚揚。因爲快要過年了，家家戶戶都在忙著打掃衛生，準備迎接新年的到來。我和瑞珍一大早就起床忙著清掃門前的積雪。忽然從縣城方向傳來咯吱咯吱踏雪路的腳步聲。遠遠望去，在雪幕中，隱隱約約有兩個身著風衣，頭戴風帽的人一前一後向我家走來。

不一會兒，這兩個人果然來到了我們家門口。他倆迅速拍了拍身上的積雪，未等我們向他們打招呼，便氣喘吁吁地向我們介紹說：「我們是兩弟兄，都姓吳，這裏是喬老師的家嗎？喬老師這麼大的歲數，冷腳冷手地爲我們的父親寫碑，太辛苦了，我們買了點小小的禮品，代表我們的哥哥來給喬老師拜個早年，不成敬意，請您們收下。」說完，他們就轉身告辭了。

原來這兩個青年人是時任縣委書記吳開保（現任宜昌市人大副主任）的兩個弟弟，一個叫吳開合，一個叫吳開衛。

一位堂堂的縣委書記，年關臨近，可謂日理萬機。可是對爲他給已故老人寫碑的幫忙者並未忘記，還派專人冒雪登門酬謝，以示辭年之意，這在當今社會實爲少見，怎能使我不受寵若驚呢!?

二十多年來，我先後大約爲單位和個人撰寫碑文百尊以上。這些碑有的還遠銷到宜昌、秭歸、房縣、保康、神農架等地。直到我退休之後，仍不甘寂寞，重操舊業，不畏嚴寒酷暑，常年往返於家庭至北斗坪民營石材場，爲其書法服務。廠長甄景斌十分感激地說：「喬老師，我們倆是三生有幸，遇到您這個貴人，放著清福不享，不嫌廠小活苦，毅然獻藝，爲我們打碑潤色，你給我們帶來了生意興隆，效益猛增。您的恩情我一家人永世也不會忘記呀！」

大碑小碑，不如眾人的口碑。如今，我才眞正感悟到，人生在世，老有所學，老有所爲，老有所樂的內在涵義。

兒子

一九六二年農曆十月二十四日，秋末冬初，風雨交加，下午四時許，我的兒子在喬家灣子的家中順利降生了。

因喬家幾代人缺兒少女，全家人對兒子的出生無不喜出望外。繼祖母方婆婆在高興之餘，不知是早有所思，還是觸景生情，便脫口而出給孩子起了個乳名：長根。寓意孩子像一棵常青的生命之樹，其根深才能葉茂，祝願孩子健康成長，長命百歲。

孩子出世以後，按照當地的風俗，孩子滿月以後由母親帶著孩子到娘家去「出窩兒」，以示報喜。瑞珍把兒子背到胡家灣娘家，因爲孩子是胡家出世的第一個外孫子，全家人無不欣喜若狂。這個抱抱，那個逗逗，其樂融融。可是，有一個旁系的親屬（農村婦女）也假惺惺地把孩子接過去抱在懷裏，對著這個剛滿月的孩子，故意拉長了聲音陰陽怪氣地說：「哎呀，好娃子呀，可惜把家兒走錯了，要是揣在我肚子裏啊，那就好了啥！哎喲，長大了連兵就當不到一個喔！」在場的人，知道其用意，只是輕蔑地擺了擺頭。

因爲孩子的孕育正處於災荒之年，不僅在母腹中缺少營養，出生後也缺吃少穿（每人每天平均只有幾兩口糧，每人一年只發一尺六寸布票，那時還未聽說過「奶粉」一詞），以致身體虛弱，多病多災，我們無時不爲之擔驚受怕。

僅舉幾例，足見兒子成長之坎坷。

・四次歷險

孩子出生以後，就患「百日關」病，其症狀爲：白天精神萎靡，夜晚通宵哭吼。這樣持續了三個多月。因母子長時間夜不能寐，難免感受風寒，孩子感冒發燒又患上了小兒肺炎。三天難有兩天清吉的日子，可憐的母親只好告假在家護理。

久而久之，在那個實行大集體，靠工分吃飯的年代裏，一個勞動力長期不能參加集體生產勞動，不僅要受到生產隊長的指責，還招來部分群眾的非議。無奈之下，瑞珍只要視孩子病情稍有好轉，就背著孩子出工。因有些農活是需要肩挑背馱的，若把孩子放在地上嘛，又怕蚊蟲叮咬。於是，她想了一個辦法：用竹籃子做了一個吊床，把孩子放在吊床裏，把吊床兩頭用繩子拴在兩棵樹之間，風一吹，吊床就會自由地擺動，孩子以爲是大人在哄他，便不知不覺地睡著了……

孩子剛滿半歲時，因氣候變化，偶遇風寒，老毛病又犯了，連續幾天高燒不退，眯眼不睜。慕名請來了古夫的老中醫唐運禎先生，在家一邊觀察一邊治療。但是，治兒子肺炎的特效中藥犀角、羚羊、阿膠和中成藥牛黃丸等長期脫銷，孩子的病久治不癒。唐醫生爲難地說：「如果這幾味主藥配不到位，我也無能爲力了！」於是，我從界牌埡上公坪，下古夫，到縣城，花了一天時間，跑了數家中藥鋪，終於把這幾味藥配齊了。孩子得救了，這一關總算闖過了。

孩子滿一歲以前，據算命先生推算，還有一道難關。眞是說福不靈說禍靈啦！孩子又感冒了。不僅又患肺炎，還夾雜著麻疹，數症併發，雪上加霜！孩子高燒不退，雙目緊閉，兩拳緊握，命在旦夕。附近幾位中醫，因孩子病情嚴重，都束手無策，一個個婉言辭醫。當時我在學校還未趕回家，瑞珍身無分文，抱著奄奄一息的兒子嚎啕大哭，不知所措。不料，她的哭聲被方婆婆聽到了。方婆婆立即過來說：

「光哭有什麼用？俗話說，『死馬當作活馬醫』，我這裏還有兩元錢，快拿去到界牌埡打兩針試試看！」

眞是天不生絕人之路啊！瑞珍把孩子抱到界牌埡衛生所。一打聽，已脫銷半年之久的青黴素針劑有貨啦！請醫生診斷，開了處方，護士做了皮膚測試，所幸無過敏反應，當即打了一針，間隔幾個小時後又打了一針，果眞藥到病除，兒子又一次得救了。

從此，這個體弱多病的苦孩子才開始擺脫厄運，平平安安。

家住枝江縣城的三舅余明達和家住宜昌市的姨母余明珠，得知我在母親去世以後，在親友們的關照下，已成家立業，並喜得一子，都十分高興。幾次來信要我把兒子帶去讓他們看一看。意思是雖然見不到我的母親了，但能看到她的孫子，在精神上也是一個安慰。

一九六五年七月上旬，學校放假以後，我按照原定計劃，帶著三歲的兒子前往宜昌、枝江去拜望了舅爺爺、舅奶奶和姨爺爺、姨奶奶。兒子按照我的旨意，分別拜見了幾位老人。老人們懷著對我的母親的懷念之情，這個摸摸孩子的頭，那個拉拉孩子的手，十分親熱。舅爺爺深情地對孩子說：「你奶奶（我的母親）太沒福氣了，要是能活到現在，看到孫子出世，該多高興啊！」說著說著，眼淚就忍不住掉了下來。姨母余明珠最瞭解我的母親的情況，姊妹感情也最深，拉著孩子的手對我說：「你母親眞是個苦命人吶，解放前，生兒育女，你頭上的幾個姐姐都相繼夭折了，不知流了多少傷心的眼淚，爲了支持你父親當那個窮教書先生，毅然背鄉離井，到高山地區去種田謀生。解放後因你父親早逝，她仍未逃脫挨批挨鬥、受苦受難，眞是命運捉弄人啦！俗話說窮人的孩子早當家，你一定要爲已故的父母爭氣。兒子還小，身體又比較虛弱，需要你們精心照料，還要注意培養孩子良好的生活習慣和學習習慣。你們從鄉下來，見市面少，路上要注意安全。最近我聽說，一位農村婦女，在輪船的欄杆上端孩子屙尿，孩子一強，掉到江裏去了。」姨母的一席話，既具體又深刻，我句句心領神會，不勝感激。

七月十八日，風和日麗，我和兒子告別幾位親人，踏上了回家的歸程。

記得那天從宜昌開往重慶的上水船是「民由二號」。凌晨五點半鐘，客輪起航，逆江而上，九時許，到達香溪碼頭。船停穩後，旅客們開始下船。那天人很多，大家都爭先恐後地去搶開往興山的班車（車太少了）。從輪船下船到躉船之間，還要走相當長一段木橋，木橋兩邊只有幾根鐵鏈。兒子走在我前面，忽然，過橋的人群向前一擁，把孩子擠到了橋邊上，一隻腳已懸空，身子向江面傾斜。眼看就要掉入江中。說時遲，那時快，我一個箭步上前，一隻手提行李，一隻手抓住了兒子的胳膊，這才避免了一場悲劇的發生。

當時，一位站在躉船上的工人師傅大聲說：「嗨嗨嗨，好險啦！」

二十世紀六〇年代初，因山區交通閉塞，鄉下人能看到一台拖拉機就覺得很稀奇。尤其是一些農村小孩子，若聽說生產隊裏來了拖拉機，就要從很遠地方跑去看它耕田、耙地、拉糞，有時機頭兩旁還坐著幾個人搖搖晃晃，十分神氣。孩子們總是用羨慕的眼光望得不眨眼。有時候拖拉機開走了，有些孩子還要好奇地跟著拖拉機跑幾十米遠，直到跑不動了才停步。

一天，剛滿四歲的兒子由媽媽瑞珍帶著，到胡家灣外婆家去玩。一群小夥伴約他去看拖拉機。一台嶄新的紅色二五型拖拉機正停在門前稻場上，孩子們如獲至寶，趁司機不在，有的爬上車廂，有的爬上機頭，有的站在揚叉把上，我的兒子爬上駕駛台，裝著司機開車的樣子，時而把這個椿椿扭一扭，時而把那個椿椿扳一扳，還把方向盤左右扳動。不料他把車子的油門踩著了，拖拉機突、突、突地響了起來，煙囪直冒黑煙。一個小朋友嚇慌了，趕快跑去喊瑞珍：「你兒子把拖拉機搞響了，還有幾個娃子坐在車盒子裏！」瑞珍聽說兒子把拖拉機踩響了，嚇得魂不附體，趕緊跑去一看，孩子還坐在駕駛臺上哭喊。

圍觀的人目睹這一險情，都深深地歎了一口氣，說：「這個孩子命眞大，要是車子一啓動，就要衝下坎，後果眞是不堪設想啊！」

在舉國上下大學毛主席著作的年代裏，農村秋收剛結束，黃糧區在黃糧坪召開萬人大會，頒發《毛主席語錄》。

那天，秋陽高照，暖風拂拂。開會的人們，高舉紅旗，敲鑼打鼓，抱著「忠」字牌，從四面八方準時進入會場。

因爲是萬人大會，所以大會會場設在劉家壩一大片乾枯的水田裏。高音喇叭傳出的〈大海航行靠舵手〉樂曲和鑼鼓聲震耳欲聾，人山人海，熱鬧非凡。

我和瑞珍帶著兒子高高興興地去參加大會。一到會場，一向好奇、愛動的孩子，第一次看到這樣熱鬧的場面，早已被這個紅色的「海洋」吸引住了。一會兒跑到這邊去看打圍鼓，一會兒跑到那邊去聽他們拉歌子，蹦蹦跳跳，高興極了。

大會主持人講話以後，開始頒發《毛主席語錄》。我和瑞珍都忙著去領書，因爲人太多，孩子也就無拘無束地竄到人群中去了。

語錄頒發完畢，開會的人開始離場，喊的喊，叫的叫，有的向東去，有的朝西跑。這時候，我們領了語錄本回來才發現孩子不見了。頓時，我和瑞珍急得像熱鍋上的螞蟻，一邊喊著孩子的乳名，一邊打聽孩子的去向，都毫無結果。

大約二十多分鐘過去了，人流漸漸消退，忽然發現去簸箕埡方向的田埂上站著一個孩子，跑近一看，果然是我的兒子。瑞珍把孩子緊緊地摟在懷裏，哽咽得說不出話來。

素有「興山八景」之一的道教聖地——仙侶山，雄姿巍峨，傳說久遠。我曾經工作過的仙侶小學，因位於此山山麓而得名。

一九七三年六月一日，晴空萬里，風和日麗。學校組織三年級以上學生到仙侶山舉行隊日活動。同學們在老師的帶領下，興高采烈地爬上紅岩埡，翻越吳家墩，盤繞「三十六拐」，來到了仙侶山的制高點——雲台觀。

極目遠眺，雖然廟宇不存在，但飛機撒播的華山松，已長成小樹，像大大小小的綠色蘑菇撒落在遼闊的原野上，在陽光的照耀下，格外蒼翠；一叢叢灌木，密密麻麻，鬱鬱蔥蔥；偶爾還可以看到一隻隻小野兔活蹦亂跳地穿梭於草叢之中。令人遺憾的是，曾被人們頂禮膜拜的女娲菩薩頭像，不知是誰把她的耳垂打掉了半邊。

她仍雙目緊閉，嘴唇略開，仰面朝天地躺在灌木叢中。山頂冷風颼颼，十分淒涼。

一位常年在山上放牛的農民向我們介紹說：「現在還有些觀賞價值的就只剩下龍頭神了。你只要誠心拜謁，它可以爲你消災賜福。最近還有一個三陽區來的人，專程到這裏來還願，放鞭，搭紅，可靈驗啦！」

山不在高，有仙則靈。雖然這是迷信傳說，可是魅力的驅使，不禁使我在心中也萌生了祈求神靈保佑，全家清吉平安的念頭。於是，我們穿過「春雲寺」遺址，拐彎直下，就到了龍頭岩。一望，果然名不虛傳。在幾百米高的懸崖絕壁上，伸出一個龍頭來，頭向上仰著，兩眼炯炯有神，兩根龍須直翹於龍口兩邊，遍身鱗甲，油光閃亮，栩栩如生。我和同學們站在岩頭上觀看。爲了豐富學生的寫作素材，我不時還給學生作一些必要的描述和講解。大家正看得出神時，忽然一陣狂風把我兒子的草帽吹飛了。他不知所措，連忙伸手去搶抓飛走的草帽，身子已向岩邊傾斜。在這千鈞一髮之際，我一個箭步搶上前去，把兒子抓了回來，好險啊！

險後思險，不寒而慄。能化險爲夷，大概是龍頭神顯聖的緣故吧！

・求學之路

兒子經歷數次險情，可謂安然無恙，但由於生不逢時，求學之路仍異常艱辛。

從啓蒙至小學畢業，正處文化大革命時期，孩子幼小心靈中的偶像是敢於反潮流的「革命小將黃帥」。在學校讀的是《毛主席語錄》，唱的是臨行喝媽一碗酒，渾身是膽雄赳赳……操練的基本功是割麥、插秧、揀桐子……金子般的童年在動亂、造反、衝殺中度過了，以致文化基礎十分薄弱，成爲終身遺憾。

初中階段更是荒唐，「白卷英雄」張鐵生的奇談怪論使孩子中毒匪淺，什麼倫理、道德、學業和理想，可謂一無所知。特別是全國廢止高考制度以後，層層實行推薦選拔，在農村只有貧下中農子女才能進入高一級學校深造。有好多有志的優秀青年，因家庭出身問題，只能望校興歎！

不過，我的兒子還算比較幸運，大概組織上考慮到我從教多年，沒有功勞，也有苦勞。所以孩子在水磨溪初中畢業以後，被順利地推薦到寶龍高中就讀。因該校條件簡陋，爲滿足孩子求學心切的願望，註冊後不到一周，又慕名將其轉入黃糧中學就讀。儘管一九七七年全國恢復了高考制度，學校的文化課教學有所加強，但由於孩子小時候體弱多病，加之文革中的折騰，因而小學，初中文化基礎薄弱，學習高中課程十分吃力。首次參加全國高考因成績未上線而落榜。這是孩子有生以來思想壓力最大的一次。一時間，社會的輿論和家庭的指責，使他一氣之下離家出走，先後到回龍寺煤礦求職，到響灘篩沙，欲以彌補高考失利之創傷。

炎熱的七月，驕陽似火，到處像蒸籠一樣熱得喘不過氣來。爲了孩子的安全，我頭頂烈日，四處打聽孩子的去向。經過一天的艱難跋涉，終於在響灘河灘上找到了他。一看，身子矮小的他，又黑又瘦，身上穿的一件白色背心和一條藍色短褲，已被灰砂和汗水糊得花一塊、白一塊，一個人拿著一把鐵鍬站在沙灘上，欲哭無淚。我心疼地把他帶回了家。

可憐天下父母心。孩子懊悔、沮喪的複雜心情，父母早已看在眼裏，疼在心頭，無時不在爲其尋覓繼續求學的途徑。無奈之下，又把他送到瓜兒堰中學跟隨姨父聶心艾參加高考補習，準備第二次應考。

這次，時來運轉。大概是近水樓臺先得月吧，一九八一年春，因本村仙侶小學教師不足，需要補充一名民辦教師。家鄉的父老鄉親想到了我這個高考落榜的兒子。推薦他和村裏幾個回鄉的知識青年一起參加了公社組織的文化考試，他成績名列前茅被錄用。消息一傳開，仍有個別人從中作祟，說什麼是我以權謀私等等。可見當時一個社會青年求職之艱難。

痛定思痛。高考落榜後的痛苦經歷，無不使孩子眞正認識到學習知識的重要和求職創業的艱辛。從而更加堅定了搞好教育工作的信心和決心。

公社文教組爲了使一批新參加教育工作的教師能儘快站穩講臺，根據文教組長傅光亮同志的安排，組織了一個教師教學業務視導組，深入到教學第一線進行考察。我和數學教研員沈國禎同志一行四人專程到仙侶小學聽了兒子一節語文課。課題是小學三年級語文《送棉衣》，講壇上的他緊緊抓住「缺棉衣、做棉衣和送棉衣」這條主線，通過讀、問、議、寫等形式，邊提示，邊板書，做到了忙而不亂，基本上達到了教學目的。不足之處一是「雙基」（基礎知識、基本訓練）不夠落實；二是課堂提問頻繁，缺乏針對性和啓發性；三是板書字跡欠規範等。通過這次評教評學活動，對他這個剛上講臺的新兵來說，可謂如夢初醒，恍然大悟——要當好一個教師不僅要有高尚的師德，還要有較扎實的文化功底和科學的教學方法，才能使知識轉化爲能力，做到教學相長。眞是「書到用時方恨少，事非經過不知難」！

從此，他痛下決心，報考興山縣函授師範學校，堅持在搞好教學工作的同時，通過自學來提高自己的文化業務水準。因爲教學中的疑難問題成了自學的壓力和動力，所以再苦再累也能做到不用揚鞭自奮蹄，學習效果較爲明顯。一九八五年八月中師函授畢業。一九九五年八月湖北大學地理專科函授畢業。一九九七年七月參加武漢大學基礎教育本科函授學習，二〇〇二年八月畢業。後來，爲了工作的需要，又先後參加了電腦和英語培訓，均獲得結業證書。二〇〇一年光榮地加入了黨組織。

寶劍鋒從磨礪出，梅花香自苦寒來。二〇〇五年，組織上鑒於他的學歷、任教年限及專業課教學成果，被評爲中學高級教師職稱。同時被提拔爲興山縣實驗中學總務主任，成爲學校中層管理幹部。

漫長的求學路，艱苦的創業史，兒子直至不惑之年，總算如願以償。兒媳袁選秀也不甘落後，工作中，在英文字母不識幾個，中文拼音一竅不通的情況下，咬緊牙關，從「0」開始，堅持拜能者爲師，刻苦學習電腦知識，終於學會了學校財經工作現代化管理新技術，受到了領導和同志們的一致讚揚。

俗話說，近朱者赤，近墨者黑。孫子、孫女也在父母渴求知識，不斷進取精神的影響下，發奮讀書，雙雙考入大學深造。一家人，隨著文化知識和社會知識水準的逐步提高，一個尊老愛幼、相互學習的和諧家庭氛圍正在逐漸形成，足見社會的進步和知識之力量。

扶今追昔，後生的成長，使我更加深了對古訓之理解：國泰方能民安，勤奮才能補拙。

一次家庭民主生活會

二〇〇四年十月三日晚，我家在新縣城鄧家壩小區教育宿舍家中開了一次家庭會。

我作爲一家之長，首先發言：俗話說，人老話多，樹老根多。歲月不饒人，我和你媽（指我的老伴胡瑞珍）都已年過花甲。雖然人的生老病死是不可抗拒的自然規律，應順其自然，但是，隨著年齡的增長，無論從人的生理和心理方面都是一個轉折，不僅做事力不從心，而且精神上總覺得有些空虛，性格也會有一些變化，愛懷舊。人生苦短的暮年傷感總會不同程度的存在。有時，由於思想僵化，觀念陳舊，說話做事難免不盡人意，會給晚輩們帶來不快，需要你們多加理解和寬容。

堂兄嚴永西在《悠悠往事》的序言中，有這樣一段話：「要尊重和孝敬老人，老一輩人吃了很多苦，爲兒孫們的健康成長付出了艱辛的勞動，老一輩人的養育之恩永遠不能忘記。我們這一代人已進入花甲之年，經濟上能自立，生活上能自理。但隨著年歲的漸高，生活上的困難將會越來越多，兒孫們在工作之餘，常回家看看，多關心老人的生活和健康，使老人盡享天倫之樂，安度晚年。」這段話的觀點，正是今晚家庭會的議題之一。

在過去的歲月裏，總的看來你們在敬老方面做的不錯，俗話說，急難見眞情。難忘的二〇〇一年，一次突如其來的車禍，把我推向了死亡的邊緣，多虧全家人（包括組織上）對我全力搶救，才給了我第二次生命，我永遠也不會忘記大家的救命之恩。所以，我經常想，如何在有生之年多爲家裏做一些有益的事情。

十年樹木，百年樹人。育人，是一個家庭永恆的主題。我們老一輩人，雖然人漸漸老了，同樣需要不斷地學習，更新觀念，力求處理好社會與家庭、精神與物質、當前與長遠、長輩與晚輩之間的關係。基於這一觀點，如何搞好家庭的民主理財，使之把有限的資金用在刀刃上，這是家庭會要討論的第二個問題。

因爲我們是一個家庭，兩個門戶。最近，處理的黃糧坪原住宅，價值七點八萬元，這筆現金我的意見原則上全家六人平均分配，不知大家意見如何？

兒子喬德宏說：「兩位老人辛辛苦苦幾十年，先後搬了八次家，眞不容易。直到現在還在爲我們幾輩人操心勞碌，常年省吃儉用，爲兩個孩子讀書資助學費，正如俊明在給爺爺的信中寫的那樣，自從瞭解到爺爺、奶奶辛酸的經歷後，才知道爺爺給我們的學費都是血汗錢呀！這些話很感人。我們慚愧的是，忠孝難以兩全，因爲工作太忙，平時對老人關心不多。房款這筆錢，也不容易，我表示不要，作爲二老安度晚年的養老金。希望二老再不要過分地節省，能享受的要儘量享受，孩子們讀書的困難，我們會慢慢克服的。」

兒媳袁選秀接著說：「兩位老人的接班人也就是我們。我自從與喬德宏結婚以後，兩位老人從來沒有把我當兒媳婦看待。我的這份工作雖然工資不高，但來之不易，所以我很珍惜，克服一切困難，總想把工作搞好，使老人們得到安慰。自從我在病中開了一段時間的小商品經銷店以後，說實話，我才眞正體會到掙錢確實太難了！所以，我現在打牌就很少了。兩個孩子讀書，要不是老人們支持，會負債更多。眞是『家有老，千般好』哇！我們幾代人的成長都凝聚了老人們的心血。黃糧坪的房子是兩位老人省吃儉用、辛辛苦苦建起來的。賣房子的錢同樣是血汗錢。我的意見，不能平均分配，因爲我們還年輕，老人們應該多享受一些，幸福地度過晚年，我們也才少抱愧。」

老伴胡瑞珍說：「我一輩子吃盡了沒有文化的苦頭，孫女、孫子很爭氣，愛讀書，我們應該支援孩子們多學習點文化。我們一輩子吃苦，兒女甘難。用算命先生的話說：『雙把筷子條把根』，好在袁選秀人品好，心地善良，有啥說啥，即使有時婆媳之間有些小矛盾，她再惱火，對老人說話，從來沒帶過一個『罵』字，她敬老的心比喬德宏細得多，賣房子的錢這樣分，我沒有意見。」

大家你一言，我一語，在十分友好的氣氛中，家庭會持續了兩個多小時。

最後，我作總結發言：今天的家庭會開得很好。大家暢所欲言，都說得很中肯，我聽了以後覺得很安慰。我記得民族英雄林則徐說過這樣一段話：兒孫若省，留錢做什麼？賢而多財，則損其志；兒孫若不省，留錢做什麼？愚而多財，益增其過。他的話告訴人們，老一輩應該爲後輩留下精神財富，無須爲後輩留下多少錢財，應該把家庭有限的資金用在育人的刀刃上。所以，我根據大家的意見，這筆房款，除了我和喬德宏、袁選秀（因有固定工資）三人各提三千元給胡瑞珍作養老金外，其餘均分，以彌補孫女、孫子的學費。除此以外，在他們上大學期間，我們願意再按一定的比例予以扶持到大學畢業，若能繼續深造，仍一如既往。

最後我再強調一點，曾記得著名歌唱家李雙江在歌詞中這樣唱道：「沒有強大的祖國，哪有幸福的家。」這說明，古今中外，家庭的命運總是和國家的命運緊密地聯繫在一起的。所以，我們要十分珍惜今天這來之不易的太平盛世和家庭的幸福生活，做到遵紀守法，積極工作，多做貢獻。

家庭是社會中一個最敏感的細胞。家，是講情的地方，不是講理的地方，夫妻相處是靠妥協，婚姻是一種妥協的藝術，是一對一的民主，一加一的自由。所以，一家人彼此之間，都要以大局和友情爲重，互相學習，互諒互讓，和氣生財，共創和諧。

散會。

一次特別意義的晚宴

晚宴，顧名思義，即晚上舉行的宴會。而對我來說，這次晚宴具有特別的意義。因爲：一是特定的赴宴時間即新千年的第一個國慶日——二〇〇〇年十月一日；二是舉辦晚宴的單位爲中華全國總工會（國家級）；三是赴宴的地點是絕大多數人可望而不可及的地方——北京人民大會堂宴會廳。

我這個昔日曾飽受苦難，來自鄂西大山區的普通教育工作者，今日竟能以勞模身份幸福地走進人民大會堂參加全國總工會舉辦的招待宴會，無不感到意義特別，幸福多多！

二〇〇〇年九月二十九日，我們興山一行六人於上午十一時驅車到達宜昌市總工會。一下車，首先映入我們眼簾的是「熱烈歡送勞動模範進京觀光」的巨幅標語，在秋陽的照耀下格外醒目。下午二時許，歡送會在市總禮堂舉行。市總領導對這次赴京觀光的目的、意義和應注意的事項講了話，接著工作人員給我們頒發了《代表證》、旅行包和旅行帽，然後上車，前往宜昌火車站。

翌日下午三點二十分，我們乘坐的由宜昌開往北京的列車順利抵達北京西站，一輛標有「勞模六號」字樣的大客車早已在火車站外等候。驅車約半個小時，我們下榻於北京天龍賓館。

十月一日，晴空萬里，暖風拂拂。按照觀光安排，一共有四個項目：登天安門，參觀升旗儀式，參觀軍事博物館，觀看北京武警部隊實彈軍事演習，晚上在人民大會堂參加全總主持的國慶招待會。

下午四時許，全體代表個個神采奕奕，身著禮服，佩戴《代表證》，手持《入場券》，到人民大會堂西側門前集合，按要求站好隊。為了安全起見，隊伍兩旁每五米遠就有一位民警同志負責維持秩序。因為那天人多，隊伍向前挪動一米遠，大約需要十分鐘，儘管如此，代表們沒有一個有絲毫的埋怨情緒。

六時二十五分，我們進入人民大會堂，快步來到接待大廳，和全總的領導在一起照了相，接著步入宴會廳。

宴會廳華燈初上，金碧輝煌，大廳正面主席臺上方懸掛著巨幅標語：「十一國慶節勞動模範先進工作者進京觀光招待會」。大廳四周擺滿了鮮花和盆景，在五顏六色燈光的輝映下，顯得格外華麗堂皇。主賓席設在主席臺前，桌面較大，擺設豪華別致，爲領導和特邀的貴賓席位，其餘三百多桌均爲貴賓席，我們一行入座的是第一六二席。

六時四十五分，大廳的大紅宮燈亮了，在雄壯的《歌唱祖國》的樂曲聲中，招待會正式開始。首先由全總的一位副主席致歡迎詞，接著觀看文藝表演，有舞蹈、二人轉、樂器合奏和獨唱等，十分精彩。

七時十分左右，宴會正式開始，大體按四個程序進行：首先，在歡快的《迎賓曲》中，由佩戴歡迎飄帶的禮儀小姐分別給各席獻上一束鮮花和一份菜單，表示歡迎。接著由服務小姐獻上兩瓶茅臺酒。三是開始上菜，分四次進行：先出四碟冷盤菜，飲酒開始，接著出熱盤菜，四葷四素另加兩個海鮮，什麼「二龍戲珠」、「喜鵲鬧梅」、「綠葉牡丹」、「青松白鶴」（象徵祖國長壽）等等，色香味俱全，極爲豐盛。最後出湯菜，有螺絲湯、洋參湯等。

席間，代表們時而共同舉杯，慶祝祖國五十一歲華誕，祝願祖國更加繁榮昌盛；時而相互碰杯，互相祝賀，互相勉勵。人人面帶春色，席席談笑風生。正當大家酒興正濃的時候，四位服務小姐端來了山東的鴨梨、新疆的葡萄、海南的香蕉和北京的小紅棗，大家一邊品嚐天南海北水果的鮮美，一邊繼續飲酒，直至酒酣。

古人云：對酒當歌，人生幾何。高大的建築，豪華的陳設，優美的環境，動聽的音樂，醇香的美酒，豐盛的佳餚，溫馨的服務，高級的國宴，怎能不叫人心曠神怡，流連忘返！辛勞一生，值也！受此殊榮，足矣！

我學習的楷模——嚴永西

在《悠悠往事》的開篇序語中有這樣一段話，「永海，吾弟也。我倆同根、同齡、同行、同心，幾十年來感情甚篤。我倆有著相似的經歷：度過了苦難的少年時代，十多歲就走上了教育工作崗位；工作之餘，以頑強的毅力，孜孜不倦地學習，積累了知識，增長了才幹，提高了能力，一步一步成長起來。黨的十一屆三中全會以後，雙雙走上領導崗位，終於告別農村，走進城市，告別基層，走進機關。從此，我們在不同的地方、不同的崗位上，開創了人生道路上的輝煌時期。回顧幾十年來的風風雨雨，我們感到欣慰和自豪。」

序言的作者嚴永西，按出生的時間，他比我早一個月，所以，我一直親切地稱他為「永西哥」。

彈指一揮間。半個多世紀過去了，當我們都將步入古稀之年的時候，目睹這段樸實無華的話語，回首彼此的歷歷往事，對永西兄的人品、才華和處世的崇敬之情，不禁油然而生。他，眞不愧爲是我學習的楷模。僅舉幾例，無不令人折服。

•酷愛學習積極向上

苦難的少年，拼搏的中年，幸福的晚年是彼此成長的共同特點。只有知識才能改變人的命運是我倆共同的人生座右銘。

他，少年時期，在父親早逝，顚沛流離的逆境中，無論是含著淚水給人家當小保姆；打著赤腳給農會幹部送信當差役；還是背著鋤頭，遠離家鄉，被上調到人跡罕至的仙侶山上開荒種甜菜，一刻也未忘記看書學習，積累知識。

一九五三年春節，我和他第一次見面是在紅岩埡村堂嬸（我們叫孫媽）家裏，雖然我倆才剛剛懂事，但他的言談舉止，給我的第一印象是：聰明，質樸，對人有禮貌，不愧是我的老大哥！

眞巧，一九五四年的正月初八，我和本村的小夥伴們，好奇地打著火把，步行三十多里山路到龍池鄉去看戲，在一個露天戲臺上又見到了他。他扮演《除「四害」》活報劇中的「小老鼠」。表演中，他的臺詞說得流利明快，動作靈活大方，贏得了觀眾的陣陣掌聲。從此，更加深了我對他的印象。一九五八年以後，我倆都參加了教育工作，彼此間的書信往來逐漸多了起來。

三年自然災害期間，他在新華公社頂塘小學任教，我在寶龍公社蘇家院小學任教。湊巧的是我們都教小學四年級語文課。由於當時物質生活極度困難，吃的是「瓜菜代」（代食品），喝的是清水湯。我們在身體十分虛弱，精神無所寄託的時候，一直保持著書信聯繫，互致問候，相互鼓勵，以打發寂寞的時光。曾記得在一封信中，他這樣寫到：「白天，我們忍受饑餓，在黑板上板書著同樣的語文課題；晚上，在昏暗的煤油燈下批改著類似的學生作業。崇山峻嶺能擋住彼此的視線，但擋不住我們的訊息和友誼。困難似彈簧，你強它就弱，你弱它就強。我們決不能被暫時的困難所嚇倒，你說對嗎？……」他很多的學術見解和教學體會，給了我不少有益的啓示。爲了供我學習和消遣，他先後給我寄來了《文言文字典》、《魯迅雜文選集》、《千年一歎》、近年來還給我寄來《正說清朝十二帝》、《周思源看紅樓》、《影響中國歷史進程的一百位元老人》、《論語一日一讀》、《蒙曼說唐

——武則天》等很有學習價值的書籍。這些書無疑將成爲我傳給後代的精神財富。

當時，因爲所謂的家庭出身問題，我們都被剝奪了上正規高校深造的權利。迫於工作需要，我們先後參加了中師函授學習。

一九六六年一月，我倆同時參加了興山縣函授學校在寶龍公社界牌埡小學舉辦的面授。當時我上二年級，他上四年級。因爲是成人教育，大家學習都比較刻苦認眞，永西兄的表現更爲出色。每天天不亮起床，按常規早鍛煉之後，就到廚房幫工人劈柴、挑水。在《學習園地》上，天天能看到他的學習體會文章。每次考試成績總是名列前茅，經常受到校領導和主講教師的讚揚。

中師面授由於文革開始半途而廢。一九七八年，華中師範大學恢復了函授教育，他又報考了該校中文系，並被錄取。通過六年的拼搏，於一九八四年獲得了大學本科畢業文憑。寶劍鋒從磨礪出，梅花香自苦寒來。四年的中師函授，六年的大學函授，千錘百煉的寫作實踐，加上一絲不苟的工作態度，一度，在神農架林區享有盛譽，得到了領導的賞識和重用。他就是這樣，完全通過自身的艱苦努力和非凡的工作業績，終於由一個普通的山區小學教師成了一名林區首腦機關的領導幹部。

‧注重親情孝敬老人

淳樸、善良的生性特點和孝、悌、忠、信的倫理教育是永西兄尊老愛幼、熱愛親友的思想基礎。

常言道，人生在世忠孝不能兩全。永西兄卻不然。爲了盡「忠」，他從參加工作的第一天起就十分投入，只要是對黨和人民有利的事，他總是盡職盡責，有時甚至達到廢寢忘食的程度。二十年的教師生涯，兢兢業業地教書育人，把青春獻給了大山區的教育事業。進機關後，又爬了二十年的「格子」，起草，撰寫了數百萬字的文稿。十年前，他從中精選部分文章，彙編成冊，書名爲《獻給神農架的禮物》，印刷出版。這本書就是最好的例證。

永西兄的盡「孝」更是有口皆碑。他的母親（我稱「陳媽」）原住深渡河，三年自然災害期間，母親在家沒有飯吃，餓得骨瘦如柴，全身浮腫。永西兄在外工作，雖然工資很低，但省吃儉用，給母親寄錢回去買高價的營養品。寒暑假把平時節省下來的口糧、食油和計畫供應物資背回家，使母親不至於餓死。

一九六一年，爲了更好地照顧母親，他毅然把家遷到了工作地點——新華公社龍口大隊，使母親吃上了飽飯。一九七八年調到機關工作後，又舉家遷往林區的首府松柏鎮，使母親擺脫了農業勞動，過上了城裏人的生活。還幾次陪送母親到興山、宜昌、枝江、長陽、沙市、武漢等地與久別的親人團聚。在漫長的歲月中，永西兄對母親的衣食住行關懷備至，對母親的冷暖病痛時時掛在心上。母親一有病就趕快請醫弄藥，想盡一切辦法使她老人家延年益壽，過得幸福一些。

陳媽去世以後，兄嫂給她熱熱鬧鬧地辦喪事。之後，永西兄到一些墓地考察墓碑的樣式，最後決定請長陽縣石藝公司打碑，擇吉日運回松柏母親墓地安裝。打碑之前，他反覆徵求我的意見，並請我擬了碑上的挽聯和「藏頭詩」。立碑的時候，我專程前往松柏參加祭奠活動。我仔細觀看，墓碑氣勢雄偉，樣式新穎，結構勻稱，工藝精湛，別具一格，堪稱「神農第一碑」。後來，永西兄整理了母親的音像資料，刻錄成光碟，並撰寫了人物傳記《我的母親》，共二十多萬字，印出來贈送給親友、同事，以作永久的紀念。書中還附錄了陳媽八十高齡時寫的日記及部分親人撰寫的紀念文章。

永西兄的父親（我稱「桀爹」）解放前一直從事教育工作，先在興山簡師任教，後與幾位好友（也有家父）一起創辦了龍池中心小學，並出任校長，爲老百姓做了很多好事。某爹不問政治，不是國民黨員、沒任過僞職。但是，解放後在鎮反時被冤殺。爲了給父親申冤，永西兄不顧年事已高，到檔案部門借閱當時中共中央關於鎮反的檔案資料，弄清楚了鎮反的方針政策。文件規定，鎮反的範圍是五種人，即：匪首、慣匪、惡霸、特務和反動會道門頭子。這五種人中，有血債的，有嚴重罪行不殺不足以平民憤的，最嚴重地損害國家利益的才判處死刑。而某爹根本不沾邊。僅僅家庭是地主成分，有剝削行爲，但罪不致死。在弄清楚政策的基礎上，永西兄不辭辛苦，奔赴各地，分別拜訪了熟悉其父情況和參與了鎮反工作，現仍健在的二十多位老人，做了大量的調查，搜集了父親的生平事蹟，弄清了被殺的內幕及冤殺形成的原因。在此基礎上，撰寫了人物傳記《我的父親》，以澄清事實眞相，洗刷不白之冤，以此書紀念父親誕辰百年。永西兄在給其母立碑時費了很多精力和錢財，把父親的遺骨移至松柏，與母親合葬。

叔父嚴大樑曾身患食管癌，生命垂危，在沙市住院。永西兄得知後，專程趕赴沙市看望，並主張把老人送到河南省林縣（全國食管癌高發區，中央在該縣設有研究機構，培養了一大批高水準醫生）治療，成功地做了切除手術，挽救了一位瀕臨死亡的親人，使老人奇跡般地活了下來，至今健在。河南日報還刊登了他撰寫的感謝文章。

永西兄對深渡河的四姑母、枝江的九姑母、武漢的么姑母，對舅舅、姨媽等眾多親人，都是孝敬有加。對非直系長輩，對同輩親人也是如此，非常重親情。凡是他知道的親戚，無論路途如何遙遠，也要設法取得聯繫，有的還要登門拜訪，敬奉禮品禮金，以示關心問候。

俗話說：渴時一滴如甘露，醉後添杯不如無。永西兄十分樂於助人，有求必應。在工作期間，幫助許多親戚、朋友、同事、老鄉、學生解決了考學、分配、轉學、招工、工作調動、傷殘求助等問題，甚至爲他人代筆撰寫文章、著書立說。他有時不分日夜爲其奔波，直到把事情辦成功爲止，從不計較對方的回報，有時還要貼錢貼物。我的兩個孫子上初中時，他聽說英語成績不夠理想，特意從百里之外請家教爲其輔導，並經常打電話詢問補課情況。還買參考書和學習機贈送給他們，鼓勵他們克服困難，刻苦學習，立志成才。二〇〇四年月，當得知我的孫子嚴俊明以六二二分的成績被華中科技大學錄取時，他欣喜若狂，和嫂子劉祖珍一道從神農架專程來興山祝賀。孫女喬融大學畢業後，他急我們之所急，和嚴平、嚴欣（他的子女）一起在深圳想辦法幫忙找就業的路子，並親自幫忙搬行李，把她送到工作單位，這些看來不足掛齒的平常小事，但沒有一定道德修養的人是難以做到的。

・愛好鍛煉持之以恆

常言道，人生的最大財富是健康。人生在世要想成就一番事業，不僅要有健康的心理，還要有健康的體魄，二者缺一不可。永西兄在正確處理二者關係上，也是值得我學習的。

隨著歲月的流逝，他雖然早已年逾花甲，但他仍耳聰目明，精神矍鑠，走起路來，箭步如飛。爲了滿足孩子們的心願，不分嚴寒酷暑，經常帶著一百多斤的行李，時而北上天津，時而南下廣東，上車登機，總是忙得樂哈哈的。來之不易的人生無價之寶——健康，無疑得益於長年累月的良好生活習慣和持之以恆的體育鍛煉。剛柔相濟的太極拳（劍）和快慢得宜的悠閒漫步，是他常練的活動項目。特別可貴的是除了極特殊的情況之外，他的鍛煉是從不間斷的。可想而知對他這個「大忙人」來說，沒有相當的毅力是難以堅持的。

工夫不負有心人。僅舉一例足見他百煉成鋼的老年體質狀況。那是二〇〇七年春節剛過，南方的深圳仍有幾分寒意，我和他一起在一健身房打保齡球比賽。哪知他僅穿一件汗衫，不到三十分鐘運球三十多次，得了兩百多分，博得了觀眾的陣陣掌聲。無不使我從內心裏感到羨慕和欽佩。

桃花潭水深千尺，不及弟兄手足情。我衷心祝願永西兄，青春永駐，益壽延年！

一輛草綠色雙排座車

——記一位領導幹部的爲人情懷

我退休之後，經常參加縣老年協會組織的一些文體活動。一些「解放牌」的老同志聚到一起，議論最多的話題是現在一些幹部的腐敗問題。有的說：「現在有些年輕幹部，不知天高地厚，一年土，二年洋，三年雙眼望天上！」有的說：「有些領導，光做表面文章，早上坐著車子轉，中午圍著餐桌（公款吃喝）轉，晚上圍著裙子轉，太不像話！」還有的氣憤地說：「現在老百姓想找官老爺辦點事呀，門難進，臉難看，事難辦。有的甚至不給好處不辦事，給了好處亂辦事」等等。

這些歷經滄桑的老同志，雖然對某些幹部的評價言辭過重，但從一個側面反映出當今幹部的腐敗問題確實比較嚴重，老百姓深惡痛絕。

然而，在我四十多年的工作生涯中，由於所處的政治背景和歷史條件不同，曾遇到過不少政治水準較高，清正廉潔，勤政務實的好領導，對我的成長起到了很好的示範作用，至今難以忘懷。特別是有一位曾經是我在黃糧區任教育委員會主任時的頂頭上司（區委書記），現任中共宜昌市委常委，常務副市長的鄭超同志的爲人情懷，給我留下了不可磨滅的印象。

鄭超同志是興山縣高陽鎮人，性格豁達開朗，辦事果斷，出口成章。因爲出眾的才華和低調做人的優秀品質，從而立之年到不惑之年的十多年裏，由一個基層的一般幹部逐步升任爲區黨委書記、縣燃化局長、縣經委主任、縣政府副縣長、縣委書記，直至現任宜昌市委常委、常務副市長等職，可謂官運亨通，青雲直上。可是，他雖然職務高了，地位變了，但情繫百姓、助人爲樂的品質卻始終沒有變。

僅舉他在遠安任縣委書記時，爲家鄉人辦實事的一個小故事，以表達我對他的崇敬和感激之情。

一九九五年春，我在黃糧鎮任教委主任時，因當時的財政體制所限，鎮財政十分困難，行政幹部和教師一連幾個月拿不到工資，以致教師士氣低落，教學工作進展緩慢。我，作爲教育戰線的「小蘿蔔頭」，無不看在眼裏，急在心上。

為了緩解教師的生活壓力，我們在鎮政府的大力支持下，興辦了界牌埡糧油加工廠和黃糧教育餐館，通過創收來提高教師的福利待遇。時任財政所長的許開龍（現任縣政府常務副縣長）毅然答應再給教育劃撥價值四萬元錢的優質昭君酒，變賣後買一輛農用車跑短途運輸，以增加收入。

領導的關懷，政府的支持，不得不使我們又喜又憂。喜的是，鎮黨委、政府如此重視和支持教育，樂為教育辦實事，實為少見；憂的是，賣酒買車子確有一定的難處。我曾到宜昌、秭歸、神農架、巴東一帶，到處打聽酒的行情，都因此酒貨源飽和，難以推銷，而未能如願。

我們正在無計可施的情況下，忽然從購車的廠家遠安縣「〇六六」，想到了剛到遠安任縣委書記的鄭超同志，不妨，我們去找鄭書記幫幫忙。

這一行動計畫雖然作出了，但是，良好的主觀願望與特殊的客觀實際，仍使我和田正略（司機）兩人心中忐忑不安：鄭書記已離開黃糧這麼多年了，我們這些小蘿蔔頭，他還認識我們嗎？他身為一縣之長，地位高了，剛剛上任，百端待舉，日理萬機，我們這樣的麻煩事不僅要耽誤他的時間，而且有損於他的形象，他會接待我們嗎？……

反正驢子抵架——拼起臉來，我們想去試一試！

三月二十二日下午，我們到達遠安縣城。我和小田沿著一條寬闊的馬路直奔縣委會所在地。向門衛一打聽，鄭書記正在開會，過了一會兒，鄭書記面帶笑容，帶著一個秘書，健步來到縣委會大門口。他同我們親切地握手，寒暄之後，帶我們走進了他的辦公室。室內寬敞明亮，陳設整齊大方，一進屋就給人一種肅靜的感覺。

大家落座之後，鄭書記向他的秘書介紹：「這（指我）是我興山的一個老師，可說是興山縣德高望重的老教育工作者（當我聽到鄭書記謙虛而褒獎的簡單介紹後，不由得使我愧疚得臉上火辣辣的）。接著，我向鄭書記說明了來意之後，鄭書記說：「喬老師，你們是第一次來遠安吧，既來之，則安之，要辦的事，不要著急，我來想辦法。因爲今天下午我還有一個重要的會議要參加，先由唐秘書給你們安排住宿，待會議結束以後，我們再細談好嗎？」

高興的會見，短暫的交談，總算給我倆吃了一顆定心丸。

翌日上午八時許，鄭書記在唐秘書的陪同下親自來到了我們下榻的賓館。鄭書記首先詢問了我們在賓館的生活情況，接著詢問他在黃糧工作時，一些老同志的身體狀況之後，具體瞭解了酒的營銷策略，購車的類型及資金等情況。他說：「銷酒的事，因我到遠安不久，情況不太瞭解，請唐秘書與有關單位聯繫，儘量處理好。『○六六』工廠的領導我也還不太熟悉，你們別著急，明天我自有安排。遺憾的是我這次不能親自陪你們，請原諒。」說完他就和唐秘書告辭了。

三月二十三日下午三時許，唐秘書親自來到遠安賓館，約我和小田一同去會王經理，洽談銷酒的事。王經理爲難地說：「興山昭君酒廠在我們縣設有銷售點，我們上個月才進了貨，既然唐秘書親自發駕，只要價格合適，我們還是可以幫忙銷一點，但最多不能超過三萬元的貨。」

銷酒的事總算有了著落，因爲我們還帶了些現金，若車子的價格談得理想（三萬八千元左右），提車是沒有什麼問題的，我和小田盤算著。

三月二十四日上午九時許，忽然房內的電話鈴響了（是賓館總台的服務員打來的），說是縣政府有人在大門口等候，請速去會見。

我和小田連忙跑到賓館門前，一看，一輛棗紅色的桑塔納轎車早已停在門口，一會兒從車內走出一位年輕男子，身材十分魁武，高平頭，帶一副近視眼鏡，正向我們走來。我們連忙迎上去，一邊握手，一邊自我介紹。隨行的吳秘書向我們介紹說：「這位是我們縣政府的科技副縣長，王縣長，是不久從「○六六」工廠調過來的，對你們要購車的廠家領導很熟悉，是鄭書記特地安排王縣長來幫忙洽談購車事宜的。鄭書記還說，你們這次來，主要由王縣長陪同，直到把事情辦好爲止，你們不必客氣。」聽完吳秘書的介紹，怎能叫我們不受寵若驚，感激不盡！

王縣長叫我們坐他的車，前往「〇六六」廠。我和小田透過車窗，飽覽著遠安城區的美麗風光，一股幸福的暖流湧上心頭……

約半個小時後，車子到達目的地——「〇六六」汽車營銷處。王縣長親自與一位銷售科長洽談購車的問題。眞是「人熟好辦事啊」！

怎麼也沒有想到，不到半個小時，車子的成交價就談妥了。與戶外廣告欄標出的零售價還便宜六千多元，比我們預計的價格少三千多元。看樣子，那位銷售科長對這個價格有些不太情願的樣子，王縣長連忙站起身來，十分親熱地把科長的肩膀一拍，說：「誰叫我倆是至交啊！」在一陣笑聲中科長高興地把手一揚，大聲說：「付款提車吧！」

在鄭書記親自關照下，難忘的遠安之行就要結束了。

三月二十五日，陽光明媚，春風拂拂，小田駕駛一輛嶄新的草綠色雙排座，一路上兩人談笑風生，高高興興地回到了興山。

新車落戶之後，爲了感謝鄭書記的深情厚誼，順便報個平安，當晚，我給鄭書記打去答謝電話。鄭書記仍以親民的口氣說道：「你們這次來遠安，我未能親自陪你們進餐，實在對不起，請多多原諒！」

聆聽著鄭書記謙虛的話語，我感動得哽咽著說：「感謝書記的悉心關懷，我們已經夠滿足了！」

深切的懷念

在《興山縣教育志》的開篇「人物傳略」中這樣寫道：「鍾家海同志（一九五〇年四月～一九九八年十二月），男，生於興山縣峽口鎮居委會一個農民家庭。自幼聰穎好學，爲人正派，勤勞儉樸。自一九七一年至一九九八年期間，從一個普通的中小學教師到縣教育局長。領導崗位多次升遷，工作環境多次變化，他始終如一地熱愛黨，熱愛人民，愛崗敬業，忘我工作，努力奉獻，直至生命的最後一息，爲後人留下了有口皆碑的業績。」

「一九九八年十二月三日清晨，他前往火石嶺中學、公坪小學、十字路小學檢查工作。而後趕到高嵐鎮已是下午，他還抓緊檢查了兩所學校。這一天行程一百二十多公里，檢查了七所學校的『普九』工作。晚上乘車返回，當車行至大裏溪口時，因車禍不幸以身殉職，終年四十八歲。」

現代詩人臧克家說過：有的人死了，他還活著；有的人活著，他已經死了。樸實無華的人生格言，精闢地闡述了人生的意義。

鍾家海同志雖然離開我們已經十年了，但他的音容笑貌，他的廉政勤政、忘我工作的精神卻一直活在我們心中。

鍾家海同志既是我昔日的戰友，又是我後來的頂頭上司。我和他曾先後於一九九六年和一九九七年調進縣教育局機關工作，同時受命於迎接省政府對興山縣普及九年義務教育檢查驗收的攻堅時期。他任教育局長兼局黨委書記，我任縣教育工會主席兼局黨委委員職務。

上任伊始，鍾局長爲了重塑機關的良好形象，出於對我的信任，破例安排我分管局機關工作。當時我對這一安排，不僅感到意外，而且誠惶誠恐，壓力很大。因爲畢竟我是剛從基層調入機關的新兵。主持機關工作，從機關幹部職工的思想政治工作到機關日常接待管理工作，每年經手的款項達八十萬元左右，還有縣委、縣政府下達的職工普法、通訊報導、政治理論學習和扶貧攻堅等工作都在交辦工作之列。加之機關內複雜的人際關係，若處理得不當，就會事倍功半，甚至身敗名裂。心情一度十分矛盾。

俗話說，恭敬不如從命。在鍾局長的直接領導和大力支持下，我接任後僅一個多月時間突出抓了三件事：一是投資二十多萬元，將機關大樓進行了整體裝修，給各科室安裝了空調和電腦，基本上實現了機關辦公自動化。機關大樓的正上方還裝了霓虹燈，「興山教育」四個大字在夜空中顯得格外耀眼。隨著機關辦公條件的改善，大家的精神面貌也有了很大的改觀。二是抓機關政務公開和建崗立制工作。分別制定了學習制度、辦公制度、財務管理制度、車輛管理制度、考勤制度、接待制度和《機關日誌》制度等。做到事事有章可循，定期檢查評比，使機關工作迅速步入正軌。三是進一步完善了機關工作人員「德、能、勤、績」年度考核評比制度，最大限度地調動大家的工作積極性。通過一年多的努力，局機關被評爲縣級精神文明單位、職工理論學習先進集體、扶貧工作先進單位和教育通訊報導優勝單位等。一向勤政務實、態度十分嚴肅的鍾局長，目睹機關的可喜變化，終於露出了滿意的笑容。

翌年五月，宜昌市教委組織各縣（市）教育局長赴深圳學習考察。鍾局長深情地對我說：「老喬同志，你已年近花甲，在基層工作了大半輩子，這次赴南方參觀考察的機會，就算組織上對你的慰勞吧。」他把這個難得的機會讓給我，我一再謝絕。後來在鍾局長的再三勸說下，我只好愧疚地接受了組織對我的特殊照顧。

就這樣，我這個從小在山窩窩裏長大的「鄉巴佬」，平生第一次飛上了藍天，俯瞰了大海，感受到了改革開放前沿陣地的火紅陣容和南方少數民族的風土人情。這些無不使我耳目一新，心曠神怡。特別是我通過對深圳從小學到高中七所學校的參觀學習，他們誓與國際接軌的辦學理念，超常規的教學管理辦法，高規格的辦學設施和一流的教育教學品質，使我受益匪淺。

爲了感謝組織對我的關照，在這次學習考察期間，我堅持認眞聽取先進單位的經驗介紹，詳細地做好筆記。考察結束以後，當我把撰寫的〈赴深圳學習的情況報告〉作爲一件禮物交給鍾局長時，他微笑著說：「你想得很周到，這些經驗很寶貴，對我們來說很重要。看來，薑還是老的辣啊！」

當時年近花甲的我，儘管有時體力不支，工作有些力不從心，覺得很累，但和這樣勤政廉政、與人爲善的好班長在一起工作，感到格外輕鬆愉快。

萬萬沒有想到的是，一場突如其來的車禍竟不幸地降臨於他。

那是一九九八年十二月三日，大概是將要出事的預兆，氣候也有些反常。早晨冬日普照，暖意融融。突然間，烏雲密佈，雪花亂舞，颳起陣陣北風，不禁給人們帶來了幾分寒意。

時間就是命令。原訂下鄉視察的計畫豈能猶豫怠慢！

上午九時許，鍾局長乘坐局裏的小車赴東邊幾個鄉鎮督察「普九」工作；我帶一吉普車和一輛雙排座赴北邊的南陽鎮堰塘坪村運送扶貧物資。

上午十點左右，突然風急雪驟，道路越來越滑。當鍾局長的車子翻越海拔千米的王盤山時，車輪開始打滑，時進時退，隨時都有翻車的危險。鍾局長突然自言自語地說：「老喬他們今天要路過的山比這裏還要高，該不會出事吧！」（這是與鍾局長隨行的工作人員後來回憶說的。）

下午六時左右，當我們一行安全返回縣城，正準備進晚餐時，忽然傳來噩耗——鍾局長在回城途中因車禍不幸遇難。

天啦！這一不幸的消息，猶如晴天霹靂，震撼著教育局的每個同志乃至興山城許多人的心。縣委、縣政府對此事高度重視，立即下發通知，要求教育局要認眞做好鍾家海同志家屬的善後工作和較高規格悼念活動的安排工作。

通知一下達，主持日常工作的副局長夏昌藝同志迅速召開緊急會議，對鍾家海同志的葬禮進行了具體部署。我，作爲局機關的「內當家」，這一重任責無旁貸地落在了我的肩上。於是，我按照悼念活動的規格要求，分別組建了悼念組，主要任務是靈堂佈置，組織鼓樂隊、喪歌隊，撰寫悼詞及追悼會禮儀活動；接待組，主要任務是聯繫賓館，對前來參加鍾局長悼念活動的上級領導和基層同志，做好熱情周到的接待和服務工作；後勤組，主要負責花圈登記、鞭炮和香蠟紙燭的保管、使用和安全及墓地的選址與靈柩的安葬等，同時安排專人做好亡者親屬的安撫工作。要求整個悼念活動做到一呼百諾，忙而不亂。

鍾家海同志的靈堂設在縣實驗小學操場內。靈堂四周擺放著常青樹、鮮花和蘭草。用柏樹葉和小白花纏繞的圓形悼念廳大門兩旁，鑲嵌著我用隸體書寫的挽聯，上聯是爲「是公僕是良師生命置度外遍地芳華矩步超庭追典範，下聯爲不爲名不爲利金錢如糞土滿園桃李同沾化雨仰高風，橫批是鍾家海同志永垂不朽，整個大廳莊重而肅穆。

夜幕降臨，冥燈閃閃，哀樂陣陣。前來參加悼念活動的人達數千人。大家邁著沉重的步伐緩緩步入悼念大廳。剛剛到興山任職的縣長楊萬貴同志和縣委、縣政府其他領導同志及縣直機關、學校、廠礦、街道、各鄉鎮教委、中小學以及鍾家海同志的生前好友均送來了花圈。聘請高陽鎮紅白理事會的歌師按當地最隆重的禮儀悼念亡者。悼念大廳內冥燈閃爍，香煙繚繞，哀歌陣陣，催人淚下。

次日淩晨六時許，追悼大會開始。大會由分管教育的副縣長韓定慧同志主持，縣委常委、宣傳部長徐永才同志致悼詞。爲緬懷這位以身殉職的教育功臣，參加悼念的全體同志向鍾家海同志的遺體三鞠躬。在向遺體告別時，鍾家海同志的兒子鍾誠，身披孝服，虔誠地跪拜在其父的靈前，嚎啕大哭，悲痛欲絕，使在場的人無不動容，泣不成聲。

七時正準時出殯。六十多輛車載著送葬的人們緊跟著靈車，在一片震耳欲聾的鑼鼓聲、嗩吶聲、鞭炮聲和哭泣聲中緩緩地駛向縣城公墓區。

巍巍青山含孝意，層層黃土掩忠骨。鍾家海同志的遺體安葬於嚴家山麓的蒼松翠柏之中。

教育局爲了表達對這位以身殉職的好領導的懷念之情，特立石碑一座。鍾家海同志，你沒有死，你的精神正如碑聯所云：生偉大無人不頌，歿光榮有口皆碑。

對一個民辦教師的追憶

二十世紀五〇年代末，國家爲了在農村普及小學教育，實行了「兩條腿走路」的辦學方針。即國家辦學與集體辦學相結合。前者學校的教師拿財政工資，叫公辦教師，後者教師則由集體出錢，叫民辦教師。當時，民辦教師的工資由生產大隊記工分，參加分配。若遇災荒年，糧食減產，其待遇菲薄，所以民辦教師的生活是十分清苦的。好在當時對民辦教師有優惠政策，即教齡長、表現好，教學品質高的，縣裏下達指標，憑考試考核，擇優轉爲公辦教師。

因爲我曾當過十多年的民辦教師，對民辦教師的酸甜苦辣感受頗深。這是我要寫這篇追憶文章的緣故之所在。

曾任民辦教師二十餘年的牛朝鼎老師，一九八六年好不容易盼到了「民轉公」的機會，可是命運偏偏捉弄人，他剛聞訊，就不幸以身殉職了，實爲遺憾。

牛朝鼎，男，一九三八年六月出生，中等身材，較清瘦。初中文化，家住興山縣黃糧鎮龍池村。生性直爽，爲人厚道，舉止文明大方，言談詼諧幽默。僅舉他生前兩則小故事，就足見他的性格和口才之特點。

故事一：火紅的一九五八年，牛以農村知識青年的身份參加基層行政幹部考核，鑒於他的才華，被榛子公社招聘爲辦公室材料員。按其工作能力是完全稱職的，後來由於與一個所謂家庭出身不好的姑娘談戀愛，有階級覺悟不高、政治立場不穩之嫌，被解聘回鄉務農。回鄉後的一年春節，別人在生產隊分的是豬油和豬肉，而牛只分了個五斤多重的豬頭。生產隊考慮到牛朝鼎只有一個人，又剛從公社解聘回家，給他分一個小豬頭就足夠了。哪知牛朝鼎接過豬頭，火冒三丈，當即吼道：「你們這些沒良心的吸血鬼，欺負我這個倒霉的人！今年過年，我牛朝鼎不吃肉，不信不能過到明年正月初一！」說完，他用一根木棍，朝豬嘴巴裏一戳，往肩膀上一扛，像玩貨郎鼓一樣地故意哼著「想起往日苦」曲調，搖頭晃腦地朝家裏走去。

一到家，他用火把豬頭燒好，放到廚房門口，正準備找斧頭來劈時，不料，豬頭被一條大黃狗銜跑了。他當時氣得直跺腳，隨手抄起一根吹火筒，向狗跑的方向追去，翻過了幾道山梁也未發現狗的蹤影。

牛朝鼎泱泱地回到家裏，一氣之下將半瓶白酒一飲而盡。他嘟囔著說道：眞是龍游淺灘遭蝦戲，虎落平陽被犬欺呀！於是，他提起筆來，憤憤地寫了這樣一副對聯：吃兩碗素飯隨我南腔北調；住三間破屋任它東倒西歪。橫批非飽非暖。對聯一貼出，消息很快在全公社傳開了。在以階級鬥爭爲綱的年代裏，這類言論純屬攻擊「三面紅旗」（總路線、大躍進，人民公社），醜化社會主義的右派言論。有一個好心人，看過這副對聯後，建議他把橫批改成「暫時困難」，牛欣然同意了。橫批雖然改了，但其政治影響依然存在，幸運的是牛的家庭出身好，根子正，未能「上掛下連」開展批判，議論議論便不了了之，否則將會招來一場滅頂之災。

故事二：村裏有一個青年找對象，在戀愛過程中，幾經周折，男方舉棋不定。一天，他專程來請老牛當參謀、提建議。老牛不加思索地脫口而出：「這個女人，依我看吶，個子不高，架子不小；腰圍不細，色彩不鮮；談吐不雅，口氣不小。鄙人之見，僅供參考！」老牛一番別出心裁，連珠炮式的評價使在場的人，不禁捧腹大笑。

一九六一年，缺裏坪村要辦一所民辦小學，鑒於他的才華，大家不約而同地推薦牛朝鼎當民辦教師。在這個崗位上，他一幹就是二十五年。

在講壇上，二十多年的風風雨雨，二十多年的潛心探索，不僅使他的性格得到了磨煉，而且教書育人的能力得到顯著提高。他創造的山區小學三級複式教學（即幾個年級的學生在一個教室上課）的相背排列和長「靜」短「動」的教學經驗，很快在全縣推廣；編兒歌，製卡片，「找朋友」的小學低年級識字教學方法得到了同行專家的認可；培養「小先生」，利用小黑板的互教互學形式收到立竿見影的效果，使全區小學教師無不佩服得五體投地。

牛老師崇高的敬業精神和嚴謹的治教態度以及科學的教學方法，很快引起了各級領導的關注和社會各界的高度讚揚。牛老師出名了。

一九八六年，「民轉公」的指標一下達，牛朝鼎同志成了率先參加「雙考」（考試、考核）的擇優轉正對象。組織上鑒於他的雙考成績和平時的工作表現，年近五十歲的牛老師，終於被批准由民辦教師轉爲公辦教師。其工作崗位由龍池單班小學調任百城教學片負責人。

老牛喜出望外，背著鋪蓋捲，帶著乾糧離別了任教多年的家鄉學校——龍池小學，來到了新的工作單位——百城中心小學。

百城——顧名思義，方圓百里，地勢險要，四周懸崖峭壁，僅有兩條路可以上山。其交通、氣候和經濟的落後狀況，不言而喻。百城、五道溝、丁家灣、平頭山一線穿珠的四所學校，均在牛老師的管轄之下。

俗話說，新官上任三把火。牛老師的第一把火就是抓教師的政治學習，端正工作態度，充分調動大家的工作積極性；第二把火抓適齡兒童入學率，他在上任不到一個月的時間裏，先後動員了六個輟學兒童，重返校園；第三把火就是從抓教師的文化業務學習入手，促進教學品質的全面提高。在牛老師的努力下，百城片的教育教學工作有了很大的起色。由於管理有方、身先士卒，牛老師在老師中的威信也越來越高。於一九八六年四月，由民辦教師轉爲公辦教師，僅下達轉正文件，還未轉戶口糧油關係，未領過工資。

一九八六年五月六日，丁家灣小學的負責人托學生給牛老師捎去一封信，其大致內容是請牛老師去丁家灣小學「指導工作」。放學後，牛老師風塵僕僕地來到了學校。結果是接他去喝一餐，還請了其他老師去作陪。牛老師走到廚房裏把鍋蓋一揭，果然香氣撲鼻，風趣地說：「這就是其一：地羊肉燒香菌。」再把一壺白酒一提，便說：「這就是其二：杜康之佳品。」說完大家哈哈大笑起來。

夜幕降臨，便宴開始。學校負責人丁運錄老師第一個舉杯，先敬牛老師一杯。其意思有二，一是歡迎牛老師光臨學校指導；二是牛老師已經民轉公，這是件大喜事，表示祝賀！牛老師毫不推辭地連飲兩杯。接著牛老師發話：「古人云，有來無往非禮也。感謝大家對我的抬舉和對工作的支持，我借花獻佛，敬大家一杯！」大家欣然領受。席間，老師們又頻頻舉杯相互敬酒，氣氛異常活躍，都有了些醉意。忽然，牛老師站起來大聲說：「百城小學還有兩個學生未入學，下個星期三，定上平頭山！我告辭了！」話音剛落，便揚長而去。丁運錄老師看天色已晚，一再挽留，未想到，惹來的卻是牛老師一句十分刺耳的謝語──「你這是什麼意思啊！」最後只好安排身材魁梧的李長城老師護送牛老師回校。

一路上，牛老師說話顛三倒四，走路踉踉蹌蹌。突然，牛老師腳下一滑，身子向前一傾，撲通一聲，栽倒在路邊石頭上，僅聽見他只大喊了一聲：「我的媽呀！」以後就再沒動彈了。在前不著村，後不著店的情況下，李長城一直把牛老師當成酒醉佬，一口氣背回到丁家灣小學。大家都以爲是酒性發作的正常現象，於是，丁運錄老師一邊派人去接醫生，一邊佯裝攥按牛老師的脈搏，兩人一頭呼呼地睡著了。兩個多小時過去了，醫生魯家祥來了，他首先用電筒觀察牛的瞳孔，驚訝地說：「人早就死了啊！」年僅四十八歲的牛老師就這樣走到了人生的終點。酒後熟睡的丁運錄，聽說人早已死亡，嚇得魂不附體，連忙跳下床。在場的人個個驚慌失措，只好含悲忍淚地分頭料理牛的後事。

「興山一個教師，突然黑夜死在荒郊野外」的消息很快傳到了區、縣、市教育行政辦公室，引起了各級領導的高度重視。宜昌市公安處，速派法醫趕赴現場偵察。

六月的百城一帶突然雷電交加，大雨傾盆。我和教研員沈國禎同志一起陪同公安處的法醫，分別背著一百多斤重的人體解剖器械，冒著大雨，打著電筒，步行三十多里的泥濘山路，直奔出事現場。

翌日，雨後初晴，屍檢在百城小學進行。法醫經全面觀察後，其結論爲，死者應排除他殺，死因爲腦溢血所致。我們總算對牛老師之死，向組織和家人有了一個明確的交代。

五月七日上午，冷風夾雜著小雨，仍下個不停，牛老師的追悼會在他家門前場壩裏舉行。縣、區的有關領導和師生、親友共三百多人參加了追悼會。

追悼會由縣教委人事科長龔道富同志主持，我代表區教育委員會致悼詞，當我以低沉緩慢的語調念道：「……牛朝鼎同志生前對事業忠心耿耿，幾十年如一日，愛校如家、嚴生如父，嘔心瀝血地澆灌桃李，成績卓著，惋惜的是只因牛老師的命運所致，雖終於盼到了民轉公的良機，僅獲得短暫的精神慰藉，卻沒有嚐到一顆國家商品糧，未能親自領到公辦教師的第一次工資就與世長辭了……」當時全場潸然淚下，嚎啕大哭。

牛朝鼎同志，你雖然離開了我們，但你不畏艱辛，忠於職守，酷愛教育，矢志不移的崇高精神，將永遠活在我們心中！

牛老師，願你在九泉之下安息！

後記

古人云，東隅已逝，桑榆非晚。

二〇〇一年，我四十三年的教育工作生涯劃上了一個圓滿的句號，開始了人生第二春。退休以後，在親友們的鼓勵下，憑藉夕陽的餘輝，撰寫了這本小冊子——《悠悠往事》。

初稿列印出來之後，先後請周世安、嚴大枝、嚴永西、嚴永和、胡家魁、龍開學等同志閱讀過，提出了許多很好的修改意見。嚴永西爲本書寫了序。列印時，楊祥林、楊春香、馮緒芬、陳光蘭等同志也給予了大力支持。在此，謹向以上同志致以最誠摯的謝意！

作爲書稿的第一讀者，兒子喬德宏和兒媳袁選秀，以及孫女喬融和孫子嚴俊明對書稿中的觀點和文字也提出了修改意見。

因本人水準有限，加之係本人校對，書中定有很多錯誤和缺點，敬請讀者批評指正，不勝感激。

喬永海

二〇〇八年十月於興山新城

血歷史40　PC0291

新銳文創
INDEPENDENT & UNIQUE

悠悠往事
——一位民辦教師的奮鬥史

作　　者　喬永海
責任編輯　陳彥廷
圖文排版　陳姿廷
封面設計　秦禎翊

出版策劃　新銳文創
發 行 人　宋政坤
法律顧問　毛國樑　律師
製作發行　秀威資訊科技股份有限公司
114 台北市內湖區瑞光路76巷65號1樓
電話：+886-2-2796-3638　傳真：+886-2-2796-1377
服務信箱：service@showwe.com.tw
http://www.showwe.com.tw
郵政劃撥　19563868　戶名：秀威資訊科技股份有限公司
展售門市　國家書店【松江門市】
104 台北市中山區松江路209號1樓
電話：+886-2-2518-0207　傳真：+886-2-2518-0778
網路訂購　秀威網路書店：http://www.bodbooks.com.tw
國家網路書店：http://www.govbooks.com.tw

出版日期　2013年02月　初版
定　　價　400元

國家圖書館出版品預行編目

悠悠往事：一位民辦教師的奮鬥史 / 喬永海著. -- 初版. --
臺北市：新鋭文創, 2013.02
面； 公分. --（血歷史）
ISBN 978-986-5915-50-6（平裝）
1.喬永海 2.回憶錄

782.887 101027247

讀者回函卡

感謝您購買本書，為提升服務品質，請填妥以下資料，將讀者回函卡直接寄回或傳真本公司，收到您的寶貴意見後，我們會收藏記錄及檢討，謝謝！如您需要了解本公司最新出版書目、購書優惠或企劃活動，歡迎您上網查詢或下載相關資料：http:// www.showwe.com.tw

您購買的書名：________________________________

出生日期：________年________月________日

學歷：□高中（含）以下　□大專　□研究所（含）以上

職業：□製造業　□金融業　□資訊業　□軍警　□傳播業　□自由業

□服務業　□公務員　□教職　□學生　□家管　□其它_____

購書地點：□網路書店　□實體書店　□書展　□郵購　□贈閱　□其他

您從何得知本書的消息？

□網路書店　□實體書店　□網路搜尋　□電子報　□書訊　□雜誌

□傳播媒體　□親友推薦　□網站推薦　□部落格　□其他__________

您對本書的評價：（請填代號　1.非常滿意　2.滿意　3.尚可　4.再改進）

封面設計____　版面編排____　內容____　文／譯筆____　價格____

讀完書後您覺得：

□很有收穫　□有收穫　□收穫不多　□沒收穫

對我們的建議：________________________________

____

____

____

請貼
郵票

11466
台北市內湖區瑞光路 76 巷 65 號 1 樓

秀威資訊科技股份有限公司 收

BOD 數位出版事業部

(請沿線對折寄回,謝謝!)

姓　　名:＿＿＿＿＿＿＿＿　年齡:＿＿＿＿　性別:□女　□男

郵遞區號:□□□□□

地　　址:＿＿＿＿＿＿＿＿＿＿＿＿＿＿＿＿

聯絡電話:(日)＿＿＿＿＿＿＿＿(夜)＿＿＿＿＿＿＿＿

E-mail:＿＿＿＿＿＿＿＿＿＿＿＿＿＿＿＿